Inspiration

BAYERISCHER WALD

Natur- und Wanderhighlights

37

Touren & Tipps

DER INHALT

OUTDOOR-TOUREN & TIPPS

37

INSPIRATION

Kleine Dörfer, magische Wasserfälle, versteckte Badeplätze, steile Gipfel, verborgene Buchten und bezaubernde Aussichten. Einfach aufbrechen und neue Orte erkunden – was gibt es Schöneres? Damit du deine Zeit nicht mit Suchen verbringst und gleich die schönsten Ziele ansteuerst gibt es die Reihe *Inspirations.*

Eine Sammlung an Outdoor-Zielen, die sich zudem noch mit einer Wandertour verbinden lassen. Wir präsentieren dir ausgewählte Highlights aus der Region, Sehenswürdigkeiten, Geheimtipps und traumhafte Naturperlen – *Inspiration im Hosentaschenformat* für deinen Aufenthalt.

Mit unseren *Inspirationen* sind herrliche Outdoor-Erlebnisse garantiert. Die Auswahl stammt aus unseren renommierten KOMPASS-Wanderführern, in welchen die vollständigen Wandertouren-Beschreibungen zu finden sind.

Der KOMPASS-Verlag ist bekannt für seine Wanderkarten. Damit du dich noch besser auf deine Entdeckertouren vorbereiten kannst und vor Ort immer weißt wo du bist, gibt es die Touren & die passenden GPX-Tracks gratis in der KOMPASS-App.

WISSEN, WO ES LANG GEHT!
KOMPASS-APP & GPX-TRACKS

Alle Touren in der KOMPASS-App!
Wir erklären dir, wie es geht: Einfach QR-Code scannen, oder Seite über den Link aufrufen, der Anleitung folgen und los geht's!

https://link.kompass.de/79w5q

GPX-Track zum Download:
Für das Navigationsgerät deiner Wahl haben wir alle Touren auch als GPX-Track auf unserer Homepage.

https://link.kompass.de/1ypmg

ÜBERSICHTSKARTE

37
INSPIRATIONEN

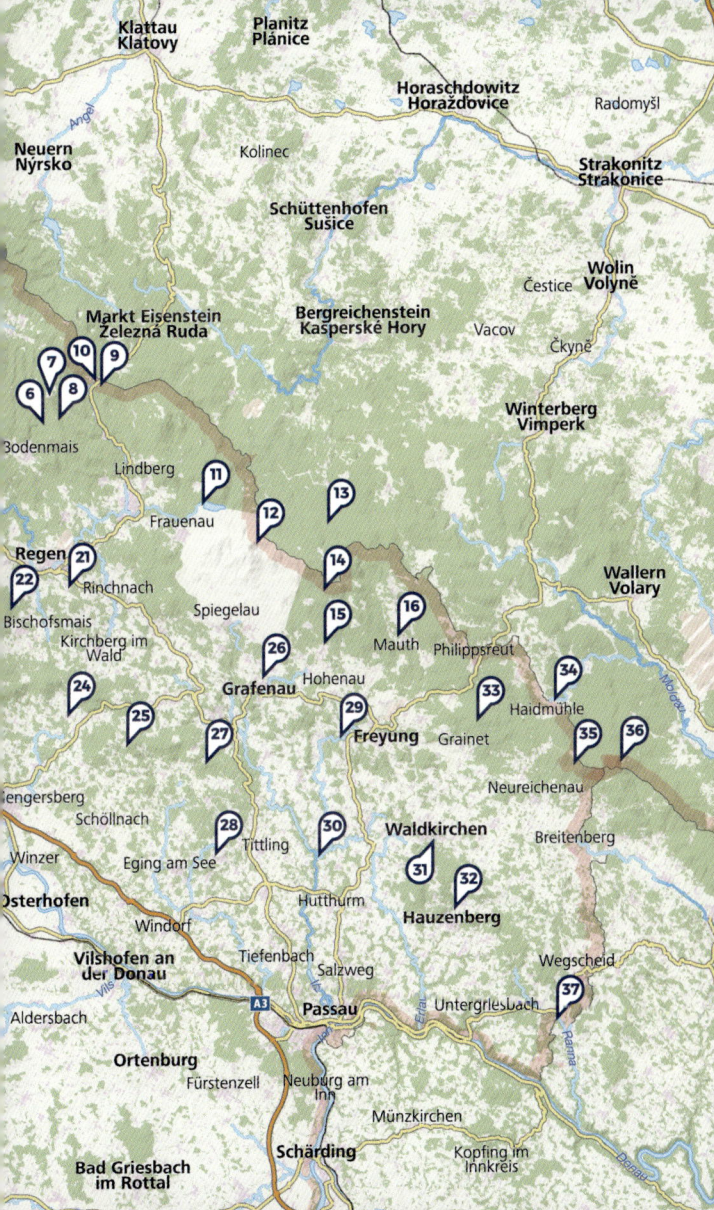

DER BAYERISCHE WALD

und alles rundherum.

Der Begriff „Bayerischer Wald" ist erst Anfang des 19. Jahrhunderts entstanden. Vorher bezeichnete man das etwa 100 km lange Gebiet entlang der heutigen Grenze zwischen Bayern und Tschechien als Böhmerwald, zu dem es geologisch und geomorphologisch auch gehört.

Das Kerngebiet des Bayerischen Waldes teilt sich in den westlichen Vorderen Bayerischen Wald und den östlichen Hinteren Bayerischen Wald, wobei als Grenzlinie der Verlauf des Pfahl gilt, ein 150 km langer und bis zu 40 m hoher Gesteinszug aus Quarz, der an verschiedenen Stellen gut zu erkennen ist.

Nationalpark Bayerischer Wald

Zwischen Lusen und dem Großen Falkenstein liegt der erste Nationalpark Deutschlands, der 1970 auf rund 130 km² eingerichtet und 1997 in Richtung Großer Rachel auf 242 km² erweitert wurde. Zusammen mit dem auf tschechischem Gebiet liegenden Nationalpark Šumava ergibt sich das größte zusammenhängende Waldgebiet in Mitteleuropa. Die höchsten Gipfel im Nationalpark sind der Große Rachel (1453 m), der Lusen (1373 m) und der Große Falkenstein (1315 m).

Neben den Gipfelerhebungen ist die Landschaft geprägt durch hochgelegene Moore, Moorseen und

Schachten (ehemalige Hoch-weiden) sowie vor allem durch die von Borkenkäfern und Windbruch geschädig-ten Fichtenwaldregionen, wo durch ein Nichteingreifen die natürliche Waldentwick-lung ungestört vor sich ge-hen kann. Diese „Verurwal-dung" des Baumbestandes im Nationalpark entspricht der Zielvorgabe, „Natur Na-tur sein zu lassen" und hat zur Folge, dass besondere Verhaltensregeln für die Besucher und Wanderer im Nationalpark gelten und insbesondere in den Kern-zonen – das sind vor allem die Hochlagen, das Urwald-gebiet Mittelsteighütte und das Felswandergebiet – ein strenges Wegegebot gilt.

In Neuschönau befindet sich das Nationalparkin-formationszentrum Lusen, mit dem Hans-Eisenmann-Haus, einem Tierfreigelän-de und dem 1,3 km langen Baumwipfelpfad, der zu einer Aussichtsplattform auf den 44 m hohen Baum-turm führt. In der Nähe von Ludwigsthal befindet sich das Informationszentrum „Haus zur Wildnis" und ein 65 Hektar großes Tierfrei-gehege.

Naturpark Bayerischer Wald

Der seit 1967 bestehen-de Naturpark Bayerischer Wald ist einer der ältesten Naturparks Bayerns und erstreckt sich von knapp über 300 m Höhe an der Donau bis zum 1456 m ho-hen Arber. Im Osten grenzt er an den Nationalpark Bayerischer Wald und im Norden an den Naturpark Oberer Bayerischer Wald. Der Landschaftsraum des Naturparks ist durch die historisch gewachsenen Kulturflächen und die teil-weise naturnahen „Ur-waldregionen" zu einem wichtigen Rückzugsgebiet für seltene und vom Aus-sterben bedrohte Tier- und Pflanzenarten geworden.

DER BAYERISCHE WALD

und alles rundherum.

Naturpark Oberer Bayerischer Wald

Zwischen dem Naturpark Oberpfälzer Wald im Nordwesten, dem Naturpark Bayerischer Wald im Süden und Tschechien im Osten liegt einer der größten Naturparks Bayerns. Etwa 40 % sind bewaldet, drei Viertel des Gebiets stehen unter Landschaftsschutz und über 2000 ha sind als Naturschutzgebiet ausgewiesen.

Zu den höchsten Erhebungen gehören: Kleiner Arber (1384 m), Großer Osser (1293 m), Kaitersberg (1133 m) und Hohenbogen (1079 m).

Der Bayerische Wald verfügt über mehr als 3000 km Wanderwege, bietet Wanderziele für die ganze Familie, und ist wegen seines abwechslungsreichen Wanderangebots vielfach als Qualitätswandergebiet ausgezeichnet worden. Auf dem „Grünen Dach Europas" verlaufen prämierte Qualitätswanderwege wie der Goldsteig, Fernwanderwege wie der Pandurensteig oder der Gläserne Steig queren die Tal- und Hochlagen des Bayrischen Waldes und eine Vielzahl von Themenwanderwegen machen Landschaft, Geschichte und Natur aufs Schönste erlebbar.

HABE D'EHRE
IM BAYERISCHEN
WALD

INSPIRATIONEN IM
OBEREN
**BAYERISCHEN
WALD**

Schwarzach
bei Nabburg

Schwarzenfeld

Thanstein

Schwarzhofen

**Neunburg vorm
Wald**

Hillstett

Röt

Wenigrötz

Poggersdorf

Neukirchen-Balbini

Stamsri

...nwand

Steinberger
See

Klardorf

**Bruck in der
Oberpfalz**

Fischbach

Münchshofen

Thann

Roding

Nittenau

Walderbach

Regen

A 93

Roding

Wald

Zell

Ponholz

Ramspau

Regenstauf

Süssenbach

Falkenstein

2 Burg Brennberg

Zeitlarn

Wenzenbach

Brennberg

Kareth

1 Geopfad Tegernheimer Schlucht

Bach an der
Donau

Wiesent

REGENSBURG

**Wörth an der
Donau**

Barbing

A 3

Donau

Neutraubling

Obertraubling

Pfatter

Mintraching

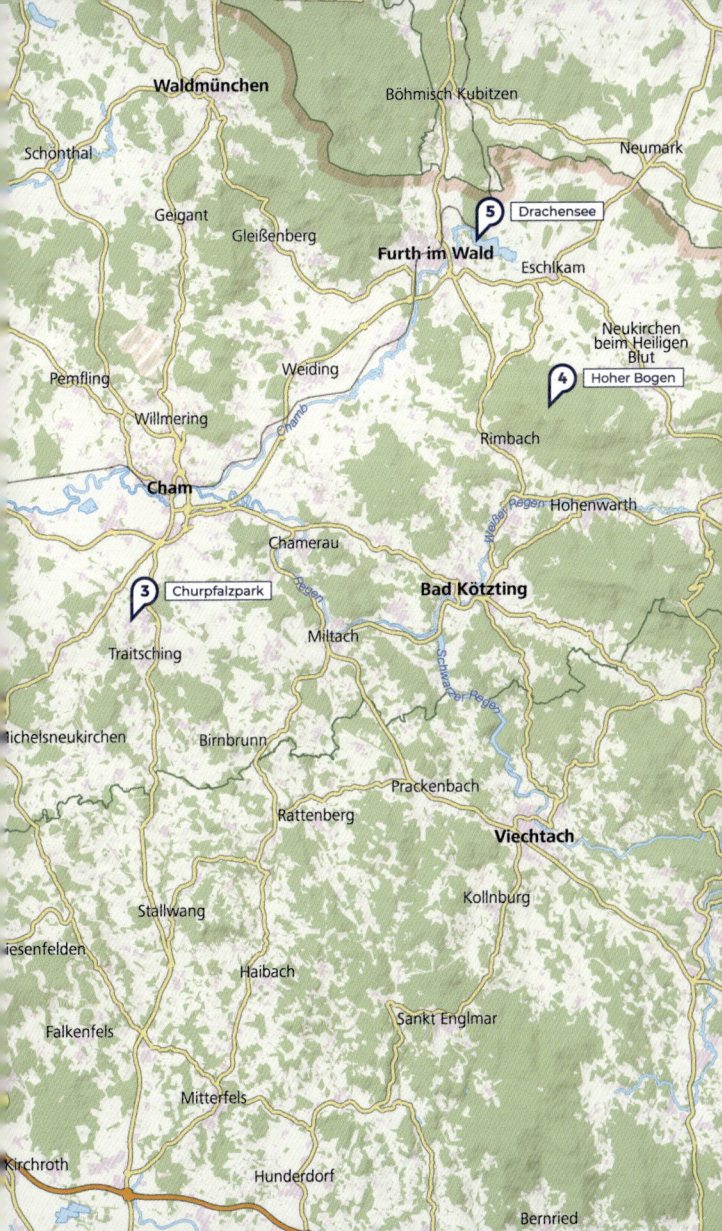

GEOPFAD TEGERNHEIMER SCHLUCHT

Eine geologische Entdeckungswanderung

In der Schlucht in Tegernheim befindet sich eines der wichtigsten Geotope Bayerns. Dort treffen drei Großeinheiten verschiedenen Erdalters aufeinander: Das kristalline Grundgebirge, das Schichtstufenland und ein Molassebecken können hier bestaunt werden. Durch die Schlucht führt der Geopfad mit 7 Stationen, die über die Erdgeschichte informieren.
Informationen unter: www.tegernheim.de/freizeit-und-tourismus/geopfad/

Blick über Tegernheim

⬌	9,75 km
🕐	2:45 h
◔	336 hm
◔	336 hm

TOUREN TIPP

START: Tegernheim, Parkplatz Am Hohen Sand, beim Sportplatz

CHARAKTER: Forstwege sowie Wald- und Wiesenpfade, anfangs und im Bereich Keilberg asphaltierte Abschnitte.

01 Parkplatz, 330 m; **02** Klöpfelweg, 340 m; **03** Aussichtsbank, 415 m; **04** Sendemast, 472 m; **05** Kirche Keilberg, 466 m; **06** Kreuz, Juraausläufer, 435 m; **07** Aussichtspunkt, 424 m; **08** Keilstein-Aussicht, 420 m; **09** Marienkapelle, 356 m

BURG BRENNBERG

Geschichtsträchtige Ruinen

Die Burg Brennberg war eine sogenannte „Ganerbenburg" - es lebten mehrere Familien dort. Diese Vergangenheit lässt sich auch aus dem Grundriss der Burg erkennen: Sie teilt sich in zwei Teile, die durch einen Hof getrennt sind. Heute sind noch die Ruinenreste von Oberbrennberg auf dem Bergrücken und die des mehreckigen Auerturms aus dem 14. Jahrhundert vorhanden. Der Hauptturm lässt sich besteigen und bietet eine grandiose Aussicht.

Ruinen der Burg Brennberg

✈	12 km
⏱	3:45 h
📐	454 hm
🧭	454 hm

TOUREN TIPP

START: Brennberg, Parkplatz beim Friedhof, Kreuzung Johannisstraße/Höllbachstraße

CHARAKTER: Wald- und Wiesenwege, im Höllbachtal felsige und wurzelige Pfade, kurze Asphaltpassagen.

01 Parkplatz, 590 m; **02** Ruine Brennberg, 663 m; **03** Wegteilung, 581 m; **04** Wernetsgrub, 538 m; **05** Dosmühle, 481 m; **06** NSG Hölle, 505 m; **07** Eisensteg, 480 m; **08** Fahnmühle, 466 m

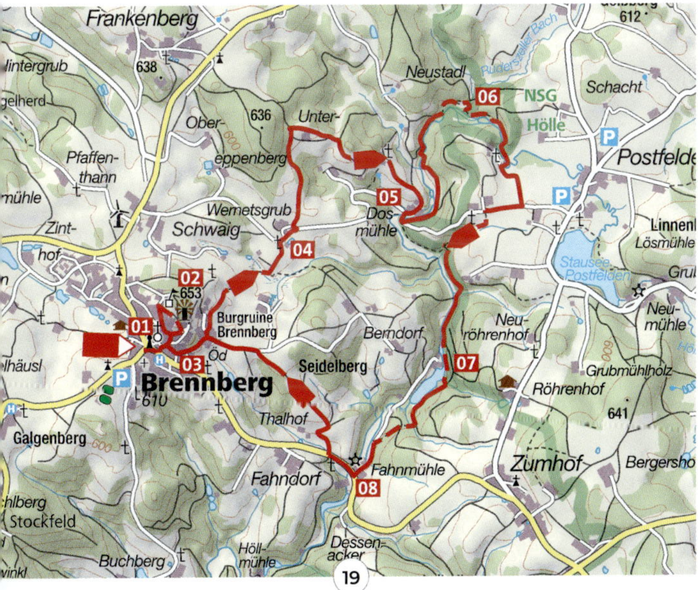

CHURPFALZPARK

Freizeitspaß für die ganze Familie

Der Churpfalzpark ist ein Freizeitpark mit über 80 Attraktionen. Von der Erlebnishalle für die Kleinsten, über zahlreiche Fahrgeschäfte bis hin zur Sommerrodelbahn. In dem riesigen Erlebnispark kommt jeder auf seine Kosten. Die Saison startet im späten Frühjahr. Genauere Informationen zu Öffnungszeiten, Preisen und allen Attraktionen unter: www.churpfalzpark.de/startseite.html

Eines der vielen bunten Fahrgschäfte

15,5 km

4:15 h

438 hm

438 hm

START: Radling, Radpavillon, Pentinger Straße, Abzweigung Brunn

CHARAKTER: Feld-, Wald- und Wiesenwege, mehrere Abschnitte auf asphaltierten Nebensträßchen.

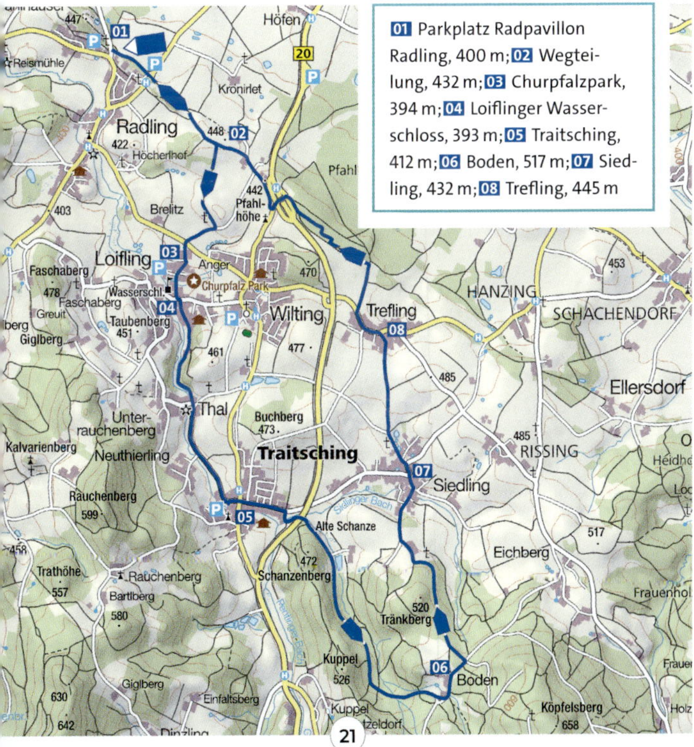

01 Parkplatz Radpavillon Radling, 400 m; **02** Wegteilung, 432 m; **03** Churpfalzpark, 394 m; **04** Loiflinger Wasserschloss, 393 m; **05** Traitsching, 412 m; **06** Boden, 517 m; **07** Siedling, 432 m; **08** Trefling, 445 m

NATO-TÜRME

auf dem Hohen Bogen

Die markanten Türme thronen auf einer Hochfläche auf dem Berg „Hoher Bogen" nahe der tschechischen Grenze im Naturschutzgebiet Oberer Bayerischer Wald. Es handelt sich dabei um Nato-Türme aus der Zeit des kalten Kriegs. Der Hauptturm ist (durch eine gebührenpflichtige Schleuse) zugänglich und bietet von der Aussichtsplattform in 50 m Höhe einen wunderbaren Rundumblick.

Nato-Turm mit Aussichtsplattform

⊕	14,25 km
⊙	4:45 h
◇	690 hm
◇	690 hm

START: Neukirchen beim Heiligen Blut, Talstation der Hohenbogen-Bahn, Liftstraße

CHARAKTER: Forstwege, Waldwege und -pfade, etappenweise steinig und wurzelig, mit etlichen steileren Abschnitten.

01 Parkplatz Talstation Hohenbogen, 655 m; **02** Schutzhütte, 873 m; **03** Gh. Forstdiensthütte/Hohenbogen, 895 m; **04** Burgstall, 975 m; **05** Eckstein, 1060 m; **06** Nato-Türme, 1060 m; **07** Bergstation Hohenbogen, 1039 m; **08** Bergkapelle, 972 m; **09** Schönblick, 942 m; **10** Mittelstation, 770 m

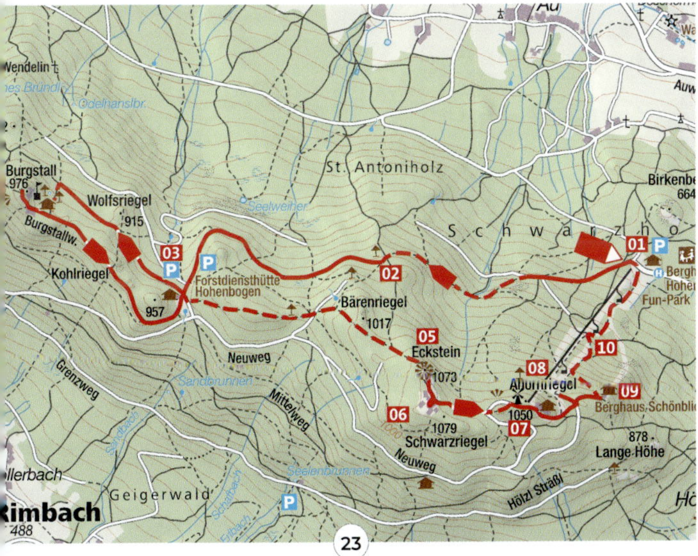

5 DRACHENSEE

Natur erleben zwischen Freizeitsee und Ökozone

Der Drachensee in Furth ist in vier Zonen aufgeteilt: Zunächst eine Freizeitzone, in der nicht nur Wassersportler auf ihre Kosten kommen, denn für Kulturliebhaber findet sich am Seeufer auch eine Seebühne, auf der Konzerte, Sommerkino und verschiedene Feste veranstaltet werden. Daneben gibt es eine Ökologische Regenrationszone, eine Naturerlebniszone und eine Umweltbildungszone. Ob also für einen Badetag, eine informative Naturführung oder zum stillen Beobachten seltener Tierarten: Der Drachensee ist einen Besuch wert!

Mythos Drache – ein begehbares Kunstwerk am Drachensee

⊕	9,75 km
⊘	2:45 h
◐	132 hm
◗	132 hm

TOUREN TIPP

START: Furth im Wald, Parkplatz am Drachensee, an der Daberger Straße

CHARAKTER: Kieswege, asphaltierte Nebensträßchen und schmale Uferpfade.

01 Parkplatz Drachensee, 425 m;
02 Wasserrettungsstelle, 420 m;
03 Abzweigung Steg, 419 m;
04 Kleinaign, 442 m;
05 Aussichtsturm, 458 m;
06 Vogelbeobachtungsstelle, 414 m; **07** Seebühne, 414 m

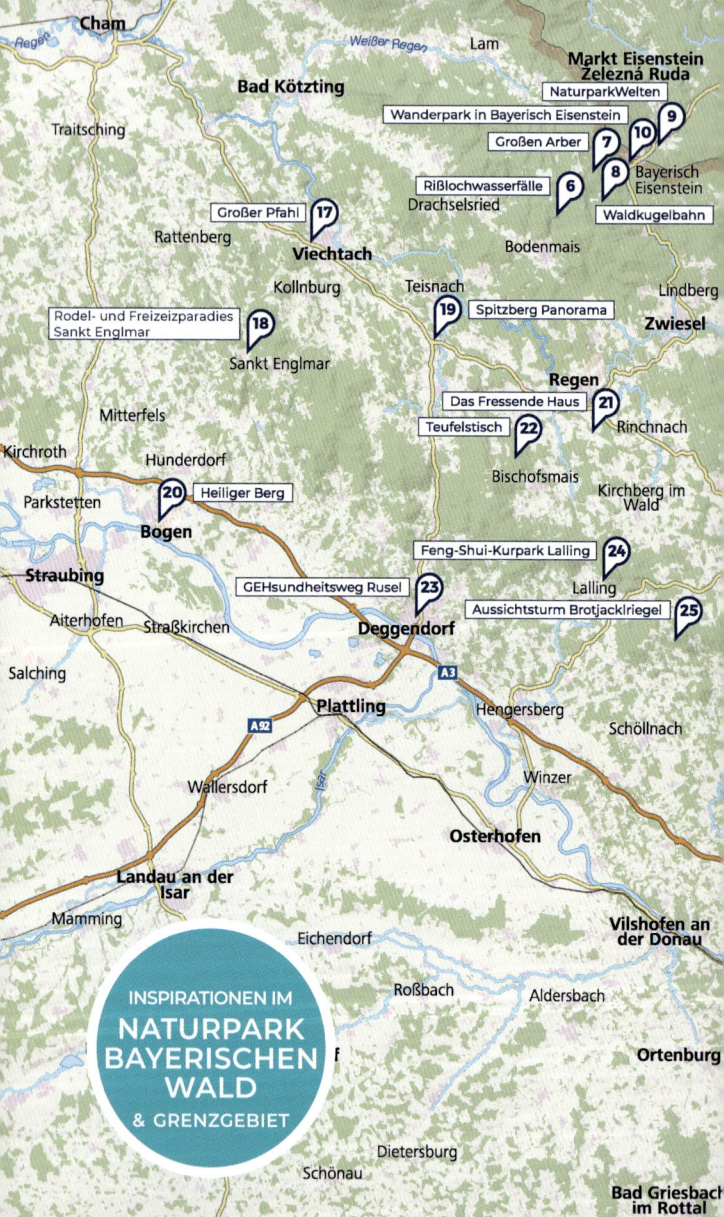

Cham

Weißer Regen

Lam

Markt Eisenstein
Železná Ruda

Bad Kötzting

NaturparkWelten

Traitsching

Wanderpark in Bayerisch Eisenstein **7**

9

Großen Arber **10**

Großer Pfahl **17**

Rißlochwasserfälle **6**

8 Bayerisch
Eisenstein

Drachselsried

Rattenberg

Viechtach

Waldkugelbahn

Kollnburg

Teisnach

Bodenmais

Lindberg

Rodel- und Freizeizparadies
Sankt Englmar **18**

Spitzberg Panorama **19**

Zwiesel

Sankt Englmar

Mitterfels

Regen

Das Fressende Haus **21**

Kirchroth

Hunderdorf

Teufelstisch **22**

Rinchnach

Parkstetten

Heiliger Berg **20**

Bischofsmais

Kirchberg im
Wald

Straubing

Bogen

Feng-Shui-Kurpark Lalling **24**

Aiterhofen

GEHsundheitsweg Rusel **23**

Lalling

Straßkirchen

Aussichtsturm Brotjacklriegel **25**

Salching

Deggendorf

A3

Plattling

Hengersberg

Schöllnach

A 92

Wallersdorf

Winzer

Landau an der
Isar

Osterhofen

Mamming

Vilshofen an
der Donau

Eichendorf

Roßbach

Aldersbach

INSPIRATIONEN IM
NATURPARK
BAYERISCHEN
WALD
& GRENZGEBIET

Ortenburg

Dietersburg

Schönau

Bad Griesbach
im Rottal

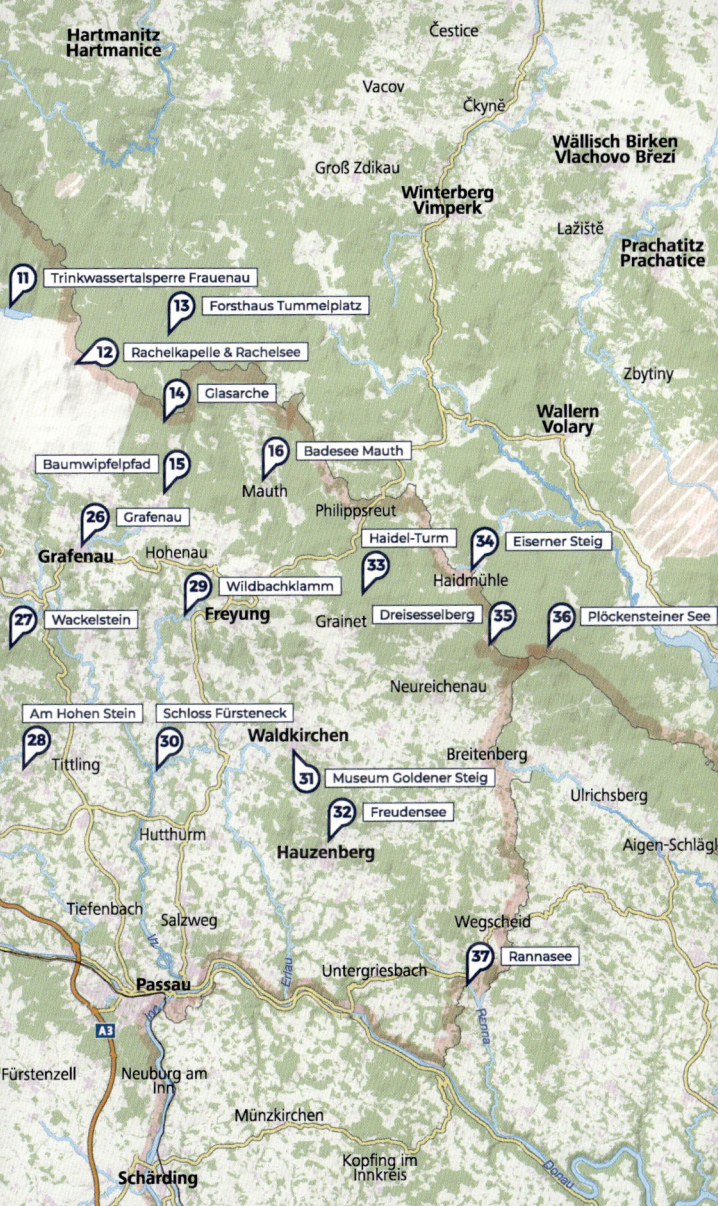

RISSLOCH-WASSERFÄLLE

Die größten Wasserfälle des Bayerischen Waldes

Seit 1939 steht das 32,9 Hektar große Rißloch unter Naturschutz. Die gleichnamigen Wasserfälle sind ein beliebtes Ausflugsziel und ein ganz besonderes Naturspektakel. Gleich vier Gewässer fließen dort zusammen und stürzen sich spektakulär durch die Schlucht: Der Arberbach, der Schwellbach, der Kleinhüttenbach und der Wildauerbach. Im Frühjahr, wenn der Schnee schmilzt oder nach starken Regenfällen führt die Schlucht besonders viel Wasser.

An den Rißlochwasserfällen

🏞	13,5 km
⏱	4:00 h
◔	750 hm
◔	750 hm

TOUREN TIPP

START: Bodenmais, Parkplatz beim Gasthaus Waldhaus am Rißlochweg; alternativ Wanderparkplatz nach den letzten Häusern am Ende des Asphaltsträßchens

CHARAKTER: Waldwege und pfade, mit etlichen steinig-felsigen Passagen vor und nach den Rißlochwasserfällen und im Anstieg zum Mittagsplatzl; meist breite Wald- und Forstwege zurück zu den Rißlochwasserfällen.

01 Parkplatz Rißloch, Gasthof Waldhaus, 718 m;
02 Rißlochwasserfälle, 940 m;
03 Mittagsplatzl, 1340 m;
04 Startrampe, 1140 m

GROSSER ARBER

Große Arberrunde zum höchsten Punkt des Bayerischen Waldes

Eingebettet in den Naturpark Bayerischer Wald, erreicht der große Arber mit 1.456 Metern als einziger Gipfel im Bayerischen Wald die klimatische Waldgrenze. So ist sein Gipfel geprägt von subalpinen Magerrasen sowie dem größten Latschenvorkommen im sogenannten „Woid". Aber nicht nur die Flora ist einzigartig: Auch Vögel wie Wiesenpieper, Alpenbraunelle oder Bergpieper lieben die karge Gipfelregion.

Bergpanorama vom Gipfel

🚶	16,5 km
🕐	5:15 h
📐	950 hm
📉	950 hm

TOUREN TIPP

START: Bodenmais, Parkplatz beim Gasthaus Waldhaus am Rißlochweg; alternativ Wanderparkplatz nach den letzten Häusern am Ende des Asphaltsträßchens

CHARAKTER: Waldwege und -pfade, mit etlichen steinig-felsigen Passagen im Bereich der Rißlochwasserfälle und bei den Anstiegen auf den Großen und Kleinen Arber.

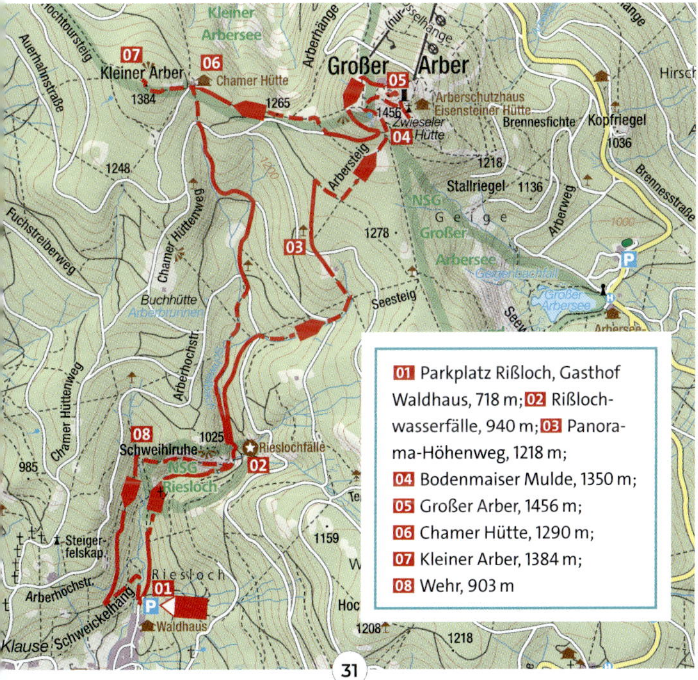

01 Parkplatz Rißloch, Gasthof Waldhaus, 718 m; **02** Rißlochwasserfälle, 940 m; **03** Panorama-Höhenweg, 1218 m; **04** Bodenmaiser Mulde, 1350 m; **05** Großer Arber, 1456 m; **06** Chamer Hütte, 1290 m; **07** Kleiner Arber, 1384 m; **08** Wehr, 903 m

WALD-KUGELBAHN

250 Meter Kugelspaß

Am Großen Arbersee findet sich eine besondere Freizeitattraktion: eine liebevoll gestaltete, rund 250 Meter lange Waldkugelbahn. Holzkugeln können ausgeliehen oder selbst mitgebracht werden. In dem Fall ist das Benutzen der Bahn sogar kostenfrei. Der Kugelspaß lässt sich wunderbar mit einem schönen Spaziergang um den See verbinden. Holzstege sorgen für eine barrierearme Wegeführung durch das Moor.

Eingang zur Waldkugelbahn

2 km
0:45 h
28 hm
28 hm

TOUREN TIPP

START: Parkplatz beim Arberseehaus, direkt an der St 2137

CHARAKTER: Barrierefreier, flacher Rundwanderweg, der 2018 neu gestaltet wurde, mit etlichen neuen Stegen und Brücken.

01 Parkplatz Arberseehaus, 920 m; 02 Steg-Aussicht, 930 m; 03 Waldkugelbahn, 929 m

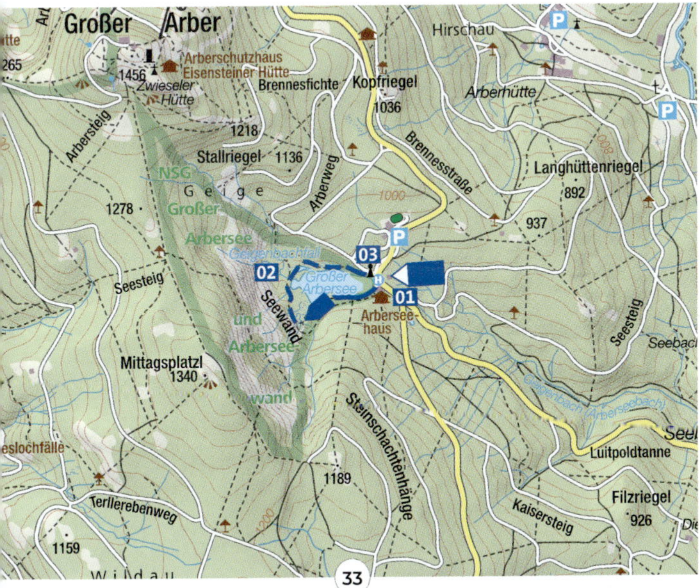

NATURPARK-WELTEN

9

Fluss-, Wald- und Seenwanderung

Auf fünf Ausstellungsebenen präsentieren die NaturparkWelten im Grenzbahnhof Bayerisch Eisenstein („Schönster Tourismusbahnhof Deutschlands 2017") die Vielfalt des bayerisch-böhmischen Grenzraums interaktiv, eindrucksvoll und spannend: König-Arber-Ausstellung, Europäisches Fledermauszentrum, Ostbayerisches Skimuseum.

Informationen unter: www.naturparkwelten.de

„Die kleinen Schatten der Nacht"

⊕	11,75 km
⊗	3:30 h
◇	375 hm
◇	375 hm

TOUREN TIPP

START: Bayerisch Eisen-
stein, Parkplatz an der Eisensteinermühle, am Sportgelände

CHARAKTER: Schmaler, teils
wurzeliger Fußpfad entlang

des Großen Regen, kurze
Bohlen-Stellen; breiter Forst-
weg entlang des Geigenbachs
zum Arbersee; grasige und
schmälere Waldpfade zurück
nach Eisensteinermühle.

> **01** Parkplatz Bayerisch Eisenstein, 690 m; **02** Seebachschleife, 646 m;
> **03** Großer Arbersee 718 m; **04** ehem. Arberhütte, 742 m;
> **05** Café Arberhütte, 718 m

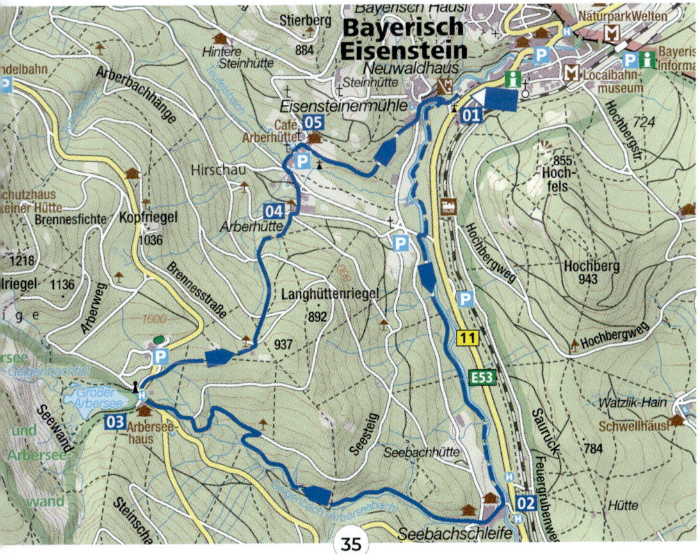

DER WANDERPARK

in Bayerisch Eisenstein

Mitten im Ortszentrum Bayerisch Eisenstein liegt der Wanderpark, eine grüne Erholungsoase, die zum Spazieren, Flanieren und Entspannen einlädt. Es finden sich dort auch ein Teich und eine Kneipp-Anlage und für die Kleinsten ein Abenteuerspielplatz. Ebenso kann man sich im Park über die Wanderrouten der Region informieren.

Am Wanderpark in Bayerisch Eisenstein

🚴	5,25 km
🕐	1:45 h
🧭	298 hm
🧭	298 hm

TOUREN TIPP

START: Bayerisch Eisenstein, Parkplatz am Wanderpark, Anton-Pech-Weg

CHARAKTER: Steinige Waldpfade, der Urwaldsteig ist stellenweise steil, wurzelig und mit umgestürzten Bäumen bestückt.

01 Wanderparkplatz, 710 m; **02** Urwaldsteig-Kreuzung, 820 m; **03** Hochfels, 868 m; **04** Hochberg, 943 m

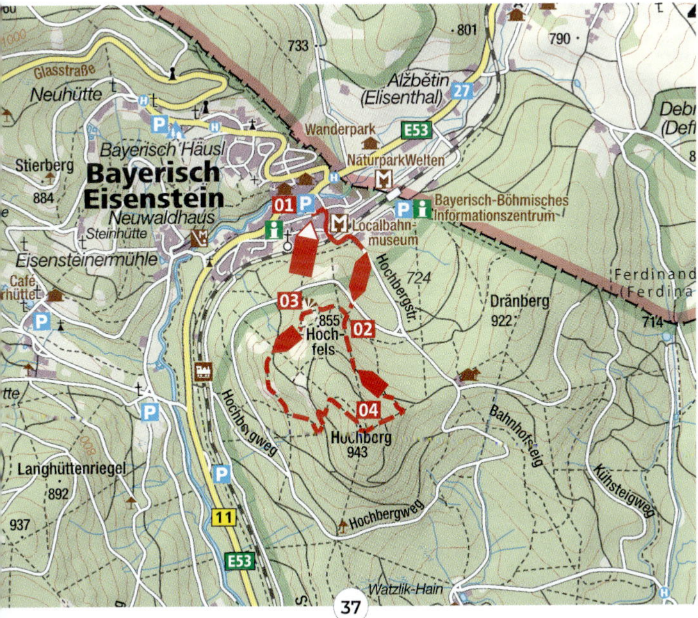

11 TRINKWASSERTAL-SPERRE FRAUENAU

Trinkwassersperre im Wasserschutzgebiet

Die Trinkwassertalsperre ging nach zehnjährigem Bau 1983 in Betrieb. Der Staudamm misst 85 Meter und staut den „kleinen Regen", einen Nebenfluss des Schwarzen Regens, zu einem Stausee. Neben der Wasserversorgung dient sie auch zum Schutz gegen Hochwasser. Das direkte Betreten der Ufer ist untersagt, es führt jedoch ein schöner Weg um den See herum.

An der Trinkwassertalsperre Frauenau

01 Parkplatz Talsperre, 690 m;
02 Staumauer, 772 m;
03 Verlorener Schachten, 1116 m;
04 Almschachten, 1122 m;
05 Hochschachten, 1154 m;
06 Latschensee, 1145 m;
07 Kohlschachten, 1140 m;
08 Hirschbachschwelle, 1095 m;
09 Lindberger Schachten, 1090 m;
10 Buchenau, 738 m

🚶	23 km
🕐	6:45 h
🧭	815 hm
🔻	815 hm

TOUREN TIPP

START: Parkplatz an der Infostelle bei der Trinkwasseranlage Frauenau, am Ende des Wasserhäuslwegs

CHARAKTER: Breite Forst- und Waldwege, stellenweise steinige und wurzelige Wald- und Wiesenpfade; Bohlenstege im Latschengebiet, in Buchenau und bei der Talsperre kurze Asphaltpassage.

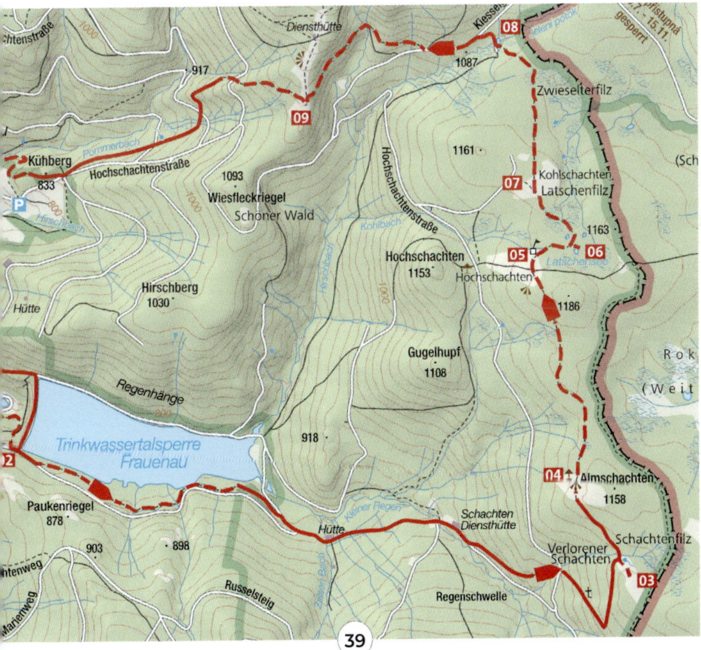

12 RACHELKAPELLE & RACHELSEE

Kleine Kapelle, große Geschichte

Die Rachelkapelle liegt auf 1212 Metern und bietet einen atemberaubenden Blick über den namesgebenden Rachelsee und die Umgebung. Das Original der kleinen Kapelle stand bereits im Jahre 1885 auf dieser Anhöhe. Leider brannte nicht nur dieser Ursprungsbau, sondern auch die danach neu errichtete Kapelle ab. Die Kapelle, wie sie heute steht, wurde nach dem zweiten Brand errichtet und 2000 saniert.

Blick von der Rachelkapelle hinab zum Rachelsee

✈	11,5 km
⏱	4:00 h
◐	650 hm
◑	650 hm

TOUREN TIPP

START: Wanderparkplatz Gfäll; zwischen 8 und 18 Uhr nur mit dem Igelbus halbstündlich ab P+R-Parkplatz Spiegelau erreichbar

CHARAKTER: Breite Forstwege, im Gipfelbereich des Rachel und im Abstieg zur Rachelkapelle felsiger Steig.

01 Parkplatz Gfäll, 952 m; 02 Waldschmidthaus, 1380 m;
03 Großer Rachel, 1452 m; 04 Rachelkapelle, 1224 m; 05 Rachelsee, 1080 m;
06 Feistenberg-Schutzhütte, 965 m

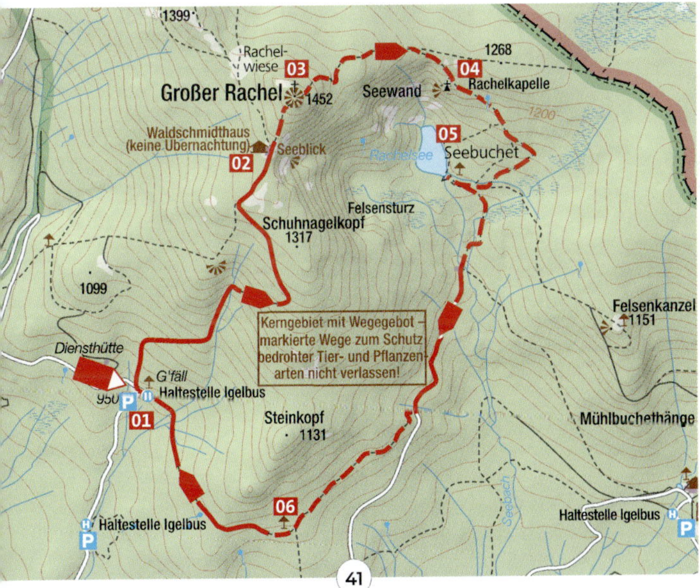

13 FORSTHAUS TUMMELPLATZ

Pausenplätzchen mit besonderem Charme

Der Forsthaus Tummelplatz ist eine Waldlichtung mit einer Forstdiensthütte. Der Platz diente als ehemaliger Treffpunkt der Viehhirten und Sammelplatz für Weidevieh. Neben dem 1927/28 erbauten Gebäude befindet sich ein kleiner Steinbau, in dem 2014 ein historischer Backofen restauriert wurde. Ein sehr einladendes Plätzchen für eine Pause.

Forsthaus am Tummelplatz – rechts das kleine Steinhaus mit altem Backofen

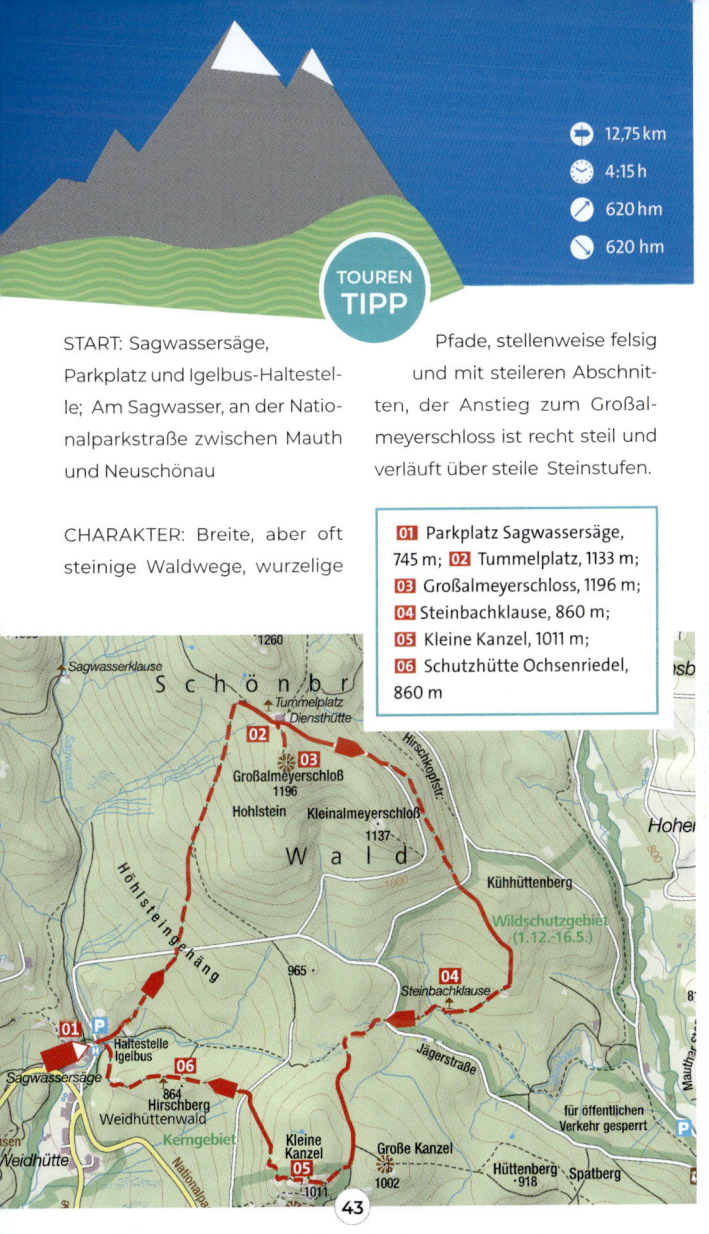

	12,75 km
	4:15 h
	620 hm
	620 hm

TOUREN TIPP

START: Sagwassersäge, Parkplatz und Igelbus-Haltestelle; Am Sagwasser, an der Nationalparkstraße zwischen Mauth und Neuschönau

CHARAKTER: Breite, aber oft steinige Waldwege, wurzelige Pfade, stellenweise felsig und mit steileren Abschnitten, der Anstieg zum Großalmeyerschloss ist recht steil und verläuft über steile Steinstufen.

01 Parkplatz Sagwassersäge, 745 m; 02 Tummelplatz, 1133 m; 03 Großalmeyerschloss, 1196 m; 04 Steinbachklause, 860 m; 05 Kleine Kanzel, 1011 m; 06 Schutzhütte Ochsenriedel, 860 m

14

DIE GLASARCHE

Ein tonnenschweres Glasschiff auf Reisen

Dieses Schiff hat schon an zahlreichen Plätzen im Bayerischen Wald und dem Nationalpark Šumava „angelegt". Als wanderndes Kunstprojekt des Vereins WaldZeit wurde die Arche von unterschiedlichsten Aktionen auf ihrer Reise begleitet. Nun ankert das drei Tonnen schwere Objekt mitten im wilden Wald am Lusen. Bis 2022 war das Glasschiff in eine Eichenhand gebettet, diese ist leider verwittert und wurde aus Sicherheitsgründen entfernt.

Die Arche wurde von deutschen Glasmachern gefertigt.

![Glasarche im Wald]

✈	13 km
⏱	4:15 h
◷	650 hm
◺	650 hm

TOUREN
TIPP

START: Parkplatz Fredenbrücke, an der Zufahrtsstraße nach Waldhäuser (Abzweigung von der Nationalparkstraße zwischen Spiegelau und Neuschönau); Bushaltestelle

CHARAKTER: Neben Forstwegen gibt es viele wurzelige und steinige Abschnitte, im Gipfelgebiet des Lusen steilere Blockfelder („Himmelsleiter"), im Bereich des Teufelsloch steile Steinstufen.

01 Fredenbrücke, 820 m;
02 Martinsklause, 957 m;
03 Waldhäuser Ausblick, 1028 m;
04 Waldhäuserriegel, 1128 m;
05 Waldhausreibe, 1112 m;
06 Lusenschutzhaus, 1336 m;
07 Lusengipfel, 1373 m; **08** Pos. Glasarche, 1175 m; **09** Teufelsloch, 1081 m

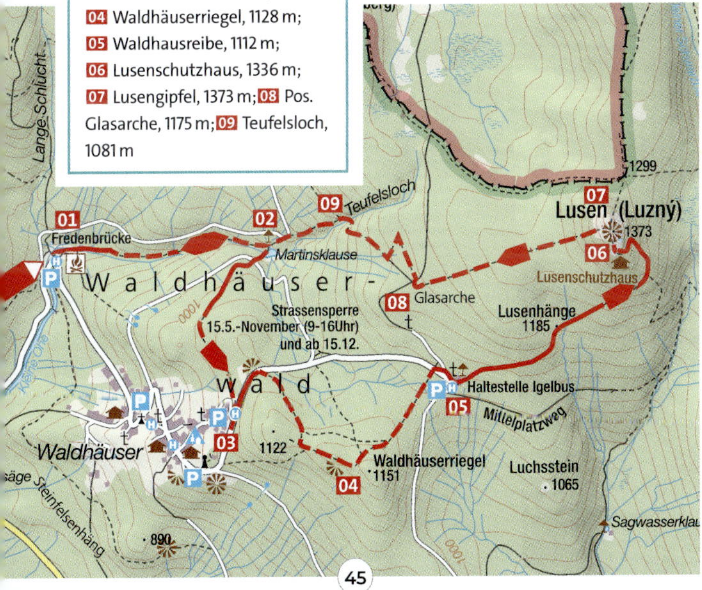

15 BAUMWIPFELPFAD

Erlebniswandern auf dem Tierfreigelände-Rundweg

Der rund 1,3 km lange und bis zu 44 m hohe Baumwipfelpfad bietet ungewöhnliche Perspektiven und verschafft ganz neue Eindrücke in und über den Bayrischen Wald. Er startet direkt am Parkplatz, beim Hans-Eisenmann-Haus, in dem die informative Dauerausstellung „Wege in die Natur – eine Geschichte von Wald und Menschen" besucht werden kann. Eine spezielle „Kinderlinie" mit elf kindgerechten Hörstationen machen den Rundgang zu einem Erlebnis für die ganze Familie.

Der Eingang zum Baumwipfelpfad

⊕	8,25 km
🕐	2:30 h
🧭	222 hm
◐	222 hm

TOUREN TIPP

START: Großer Parkplatz beim Nationalparkzentrum an der Kreuzung

CHARAKTER: Einfache, kinderwagen- und rollstuhltaugliche Wanderwege, die ganzjährig frei zugänglich sind; für Hunde gibt es Sperrzonen!

01 Parkplatz Nationalparkzentrum, 812 m; **02** Auerhahn, 785 m; **03** „Kletterkünstler", 772 m; **04** Braunbär, 762 m; **05** Käuze, 756 m; **06** Rothirsch, 752 m; **07** Fischotter, 761 m; **08** Wildschwein, 789 m; **09** Wolfsrevier, 842 m; **10** Wisent, 840 m; **11** Luchs, 837 m

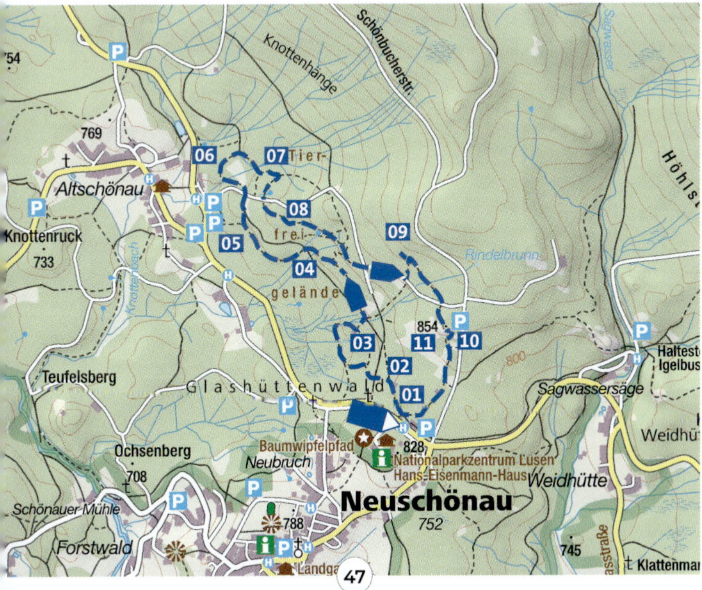

16 BADESEE MAUTH

Badeparadies und Erholungsort

Ein traumhafter Naturbadesee ist der Badesee Mauth. Erholungs- und Erfrischungssuchende finden dort neben einer großzügigen Liegewiese eingebettet in sattem Grün auch einen kleinen Sandstrand-Abschnitt, der für Beach-Feeling sorgt. Müde Wanderfüße kann man im Kneipp-Becken erfrischen. Auch einen eigenen Grillplatz hat die Anlage. Ein perfekter Ort für heiße Sommertage.

Der herrlich angelegte Badesee Mauth

8,5 km

2:15 h

308 hm

308 hm

START: Mauth, Parkplatz Jägerstraßl; alternativ großer Parkplatz in der Reschbachstraße, kurz nach der Brücke über den Reschbach, oberhalb vom Badesee Mauth

01 Parkplatz Jägerstraßl, 765 m;
02 Große Kanzel, 1002 m;
03 Pos. Seefilz, 930 m;
04 Steinbachklause, 860 m;
05 Pos. Steinbach, 785 m

CHARAKTER: Forstwege und teils steile Waldpfade mit stellenweise felsigen Passagen, steile Steinstufen im Anstieg zur Kanzel (bei Nässe Vorsicht!), der Rückweg ab der Steinbachklause verläuft auf einem schönen Fußpfad entlang des Steinbachs.

DER GROSSE PFAHL

Wilder Quarzfelsen

„Großer Pfahl" ist der Name eines großen, weißen Quarzfelsens, der besonders eindrucksvoll in dem gleichnamigen Naturschutzgebiet aus der Erde ragt. Das Naturschutzgebiet wurde als „Bayerns Geotop Nr. 1" ausgezeichnet. Wissenswertes über die Entstehung und Bedeutung des Felsriesens erfährt man an der Infostelle im Alten Rathaus.

Am Großen Pfahl

4,5 km
1:30 h
120 hm
120 hm

TOUREN TIPP

START: Viechtach, Parkplatz Großer Pfahl an der B 85, kurz hinter der Riedbachbrücke

CHARAKTER: Waldwege und -pfade, kurze Asphaltpassage.

01 Parkplatz Großer Pfahl, 475 m; **02** Kletterfelsen, 524 m; **03** Engelsdorf, 561 m; **04** ehemalige Verladestation, 492 m

RODEL- UND FREIZEITPARADIES

Sankt Englmar

In St. Englmar gibt es gleich zwei Sommerrodelbahnen mit jeweils 1000 Metern Länge. Für noch mehr Spaß sorgen eine Sommer-Tubingbahn, zahlreiche Spielplätze, ein Streichelzoo und der sogenannte „Bayerwald-Fix" - ein 20 Meter hoher Erlebnisturm. Nicht zuletzt beherbergt das Erlebniszentrum am Egidi-Buckel auch die längste Achterbahn ganz Bayerns: 755 Meter Achterbahnspaß warten dort.

Sommerrodeln ist immer ein großer Spaß

TOUREN TIPP

START: Sankt Englmar, Wanderparkplatz Ahorn, Bogener Straße

CHARAKTER: Wald- und Wiesenwege sowie schmälere, stellenweise steilere Pfade, teils steiniger, vor allem im Bereich der Wasserfälle; anfangs in Sankt Englmar und am Umkehrpunkt bei Kager asphaltierte Wegabschnitte.

01 Wanderparkplatz Ahorn, 850 m; **02** Leonhardskapelle, 830 m; **03** Weißes Marter-Schild, 782 m; **04** Nagelsteiner Wasserfälle, 570 m; **05** Hof, 678 m

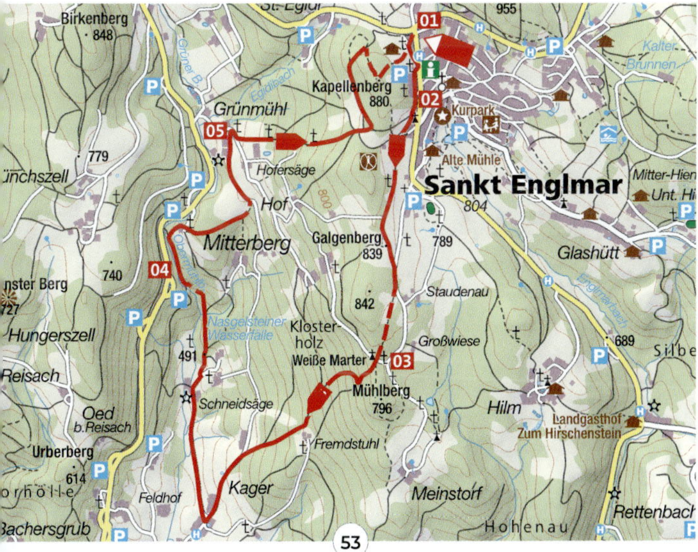

SPITZBERG PANORAMA

Naturlehrpfad Panoramablick

Der 3,5 km lange Erlebnispfad „Panoramablick am Spitzberg" macht seinem Namen alle Ehre. Wanderer erwartet eine sehr kurzweilige Tour um den Spitzberg mit 10 Stationen, die über Landschaft, Kultur und Natur der Region informieren, mit den schönsten Panorama-Ausblicken. Zum Abschluss der schönen Runde bietet sich eine Einkehr im Biergarten des Ponyhof Simmet an.

Biergarten beim Ponyhof

5,25 km

1:30 h

183 hm

183 hm

TOUREN TIPP

START: Patersdorf, Parkplatz beim Gasthof Schön (Schön 1)

CHARAKTER: Waldwege und -pfade, der Schlussabschnitt verläuft auf einem asphaltierten Nebensträßchen; der Rundweg ist radtauglich, nur der Anstieg zum Spitzberg ist recht steil!

01 Gasthof Schön, 760 m;
02 Aussichtsturm, 770 m;
03 Spitzberg, 810 m;
04 Ponyhof, 748 m

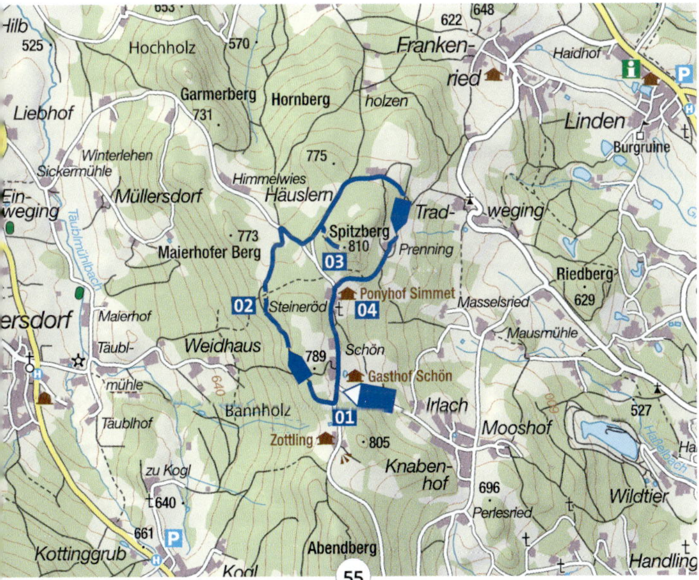

DER „HEILIGE BERG"

Bayerns älteste Marienwallfahrtskirche

Die Geschichte des Bogenbergs lässt sich bis in die Jungsteinzeit zurückverfolgen, dies belegen Funde, die auf eine Besiedlung des Bergrückens schließen lassen. Heute beherbergt er eine der bekanntesten Marien-Wallfahrtskirchen Bayerns. Bereits 1104 sei der Ort als Wallfahrtsort in die Geschichte eingegangen und weit über die Landesgrenzen hinaus von großer Bedeutung für gläubige Pilgerreisende gewesen. Eine der bekanntesten dort stattfindenden Wallfahrten ist bis heute die „Holzkirchener Pfingstwallfahrt", welche seit dem 15. Jahrhundert Tradition am Bogenberg hat und jährlich zum Pfingstsonntag stattfindet. Mehr Informationen unter: www.bogen.de

Marienwallfahrtskirche Bogenberg

🚴	4 km
🕐	1:30 h
🧭	193 hm
🧭	193 hm

START: Bogenberg, Parkplatz vor dem Gasthaus Zur schönen Aussicht, Bogenberger Weg

CHARAKTER: Wald- und Wiesenwege; steilere und steinige Pfadpassage abwärts zur Schimmelkapelle.

01 Parkplatz Hohenbogen, Gasthaus Zur schönen Aussicht, 415 m;
02 Ulrichskapelle (Schimmelkapelle), 340 m; **03** Salvatorkapelle, 396 m;
04 Wallfahrtskirche, 428 m

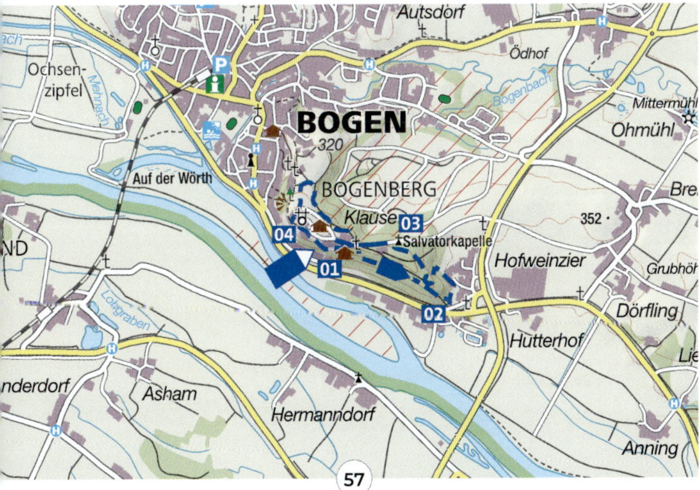

DAS FRESSENDE HAUS

Ehemaliges Getreidelager

Das „Fressende Haus" wurde 1984 zum Museum, früher wurde hier Getreide gelagert – der Getreidekasten ist um 1100 erbaut worden. Das Haus war viele Jahre die Heimat des baltischen Dichters Siegfried von Vegesack. Er nannte das Haus wegen der hohen Unterhaltskosten das „Fressende Haus". Im 1. Obergeschoß kann man die größte Schnupftabaksammlung der Welt (ca. 1.200 Exponate in unterschiedlichsten Farben, Formen und Materialien) bewundern.

Ein weiteres Highlight in Weißenstein: Die Ruine

🚴	8,25 km
🕐	2:30 h
📐	275 hm
🧭	275 hm

TOUREN TIPP

START: Weißenstein, Parkplatz gegenüber der Burg Weißenstein

CHARAKTER: Wald- und Wiesenwege, teils schmälere Pfade, vor und nach Kattersdorf, nach Großseiboldsdorf und in Weißenstein asphaltierte Nebensträßchen

01 Parkplatz, 725 m;
02 Ruine Weißenstein, 738 m;
03 Kattersdorf, 619 m;
04 Großseiboldsried, 645 m;
05 Gläserner Wald, 730 m

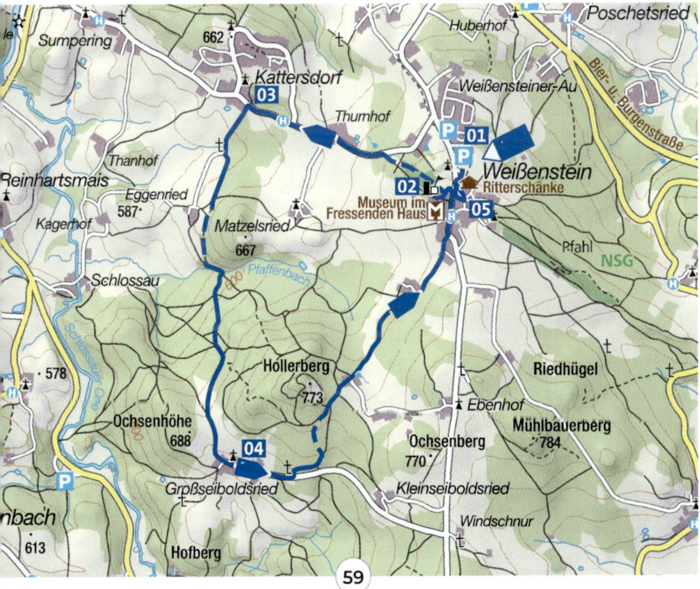

DER
TEUFELSTISCH

Steinhaufen aus der Hölle?

Der sagenumwobene Teufelstisch ist eine sehr bizarre Fels-formation in der Nähe von Bischofsmais. Den Namen ver-dankt der „Teufelstisch" einer Erzählung: Der Legende nach verbrachte der Teufel auf der Duchreise hier seine Mittags-rast. Zu diesem Zweck errichtete er sich einen Tisch aus Stei-nen. Das Klingen der Mittagsglocken soll den Beelzebub aufgeschreckt und vertrieben haben.

Teufelswerk?

01 Parkplatz Talstation Geißkopfbahn, 825 m;
02 Schlepplift, 1053 m;
03 Landshuter Haus, 1015 m;
04 Geißkopf, 1097 m;
05 Wastlsäge, 710 m;
06 Teufelstisch, 880 m

14 km

4:30 h

600 hm

600 hm

START:
Großer Parkplatz an der Talstation der Geißkopfbahn in Unterbreitenau, an der Straße Bischofsmais–Habischried

CHARAKTER: Breite Forst- und Waldwege, schmale, teils steinige Waldpfade, im Bereich des Teufelstisches mit steileren und felsigen Passagen.

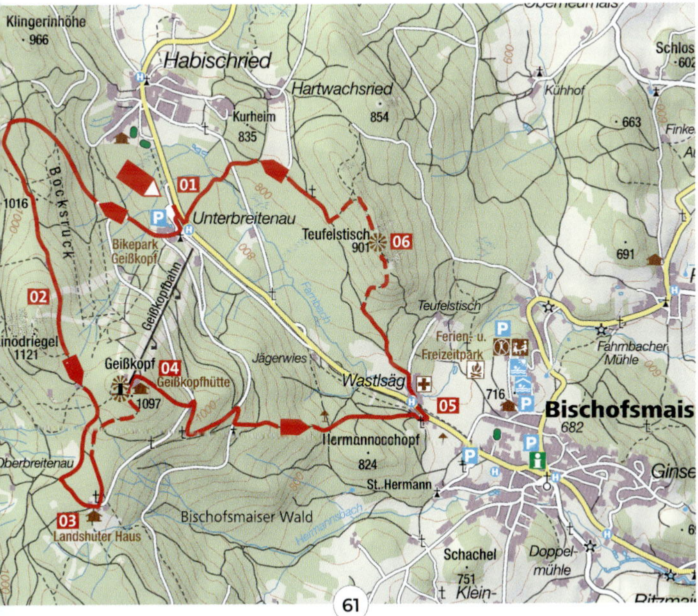

23 GEHSUNDHEITSWEG RUSEL

Gehen und Gesundheit

Das witzige Wortspiel beschreibt die Idee des Themensweges bereits perfekt. „Gehen und Gesundheit" ist das Motto des rund 2,5 km langen Pfads, der größtenteils über Waldpfade führt. Mit allen Sinnen kann man hier die Natur erleben: Ob barfuß über den Waldboden und durch Moos schreiten oder durch das kalte Quellbecken waten. Umgeben von der reinigenden Waldluft. Weitere Themen sind „Mit Felsen sprechen", „Dynamisches Sitzen" und „Orte der Kraft und Stille". Die genauen Informationen zum Themenweg findet man hier: www.gehsundheitsweg.de

Der GEHsundheitsweg führt über den Königstein

⊕	11,5 km
⊕	3:15 h
⊕	378 hm
⊕	378 hm

START: Wanderparkplatz am Waldrand, oberhalb vom Gasthaus Lehnerwirt; Zufahrt von Nadling

CHARAKTER: Wald- und Wiesenwege sowie schmälere Waldpfade, mit steinigen und steileren Abschnitten im Anstieg zum Königstein; nur kurze Asphaltpassagen.

01 Parkplatz, 600 m; **02** Geßingerstein, 874 m; **03** Königstein, 845 m; **04** Felskapelle, 895 m; **05** Asklepiosklinik, 652 m

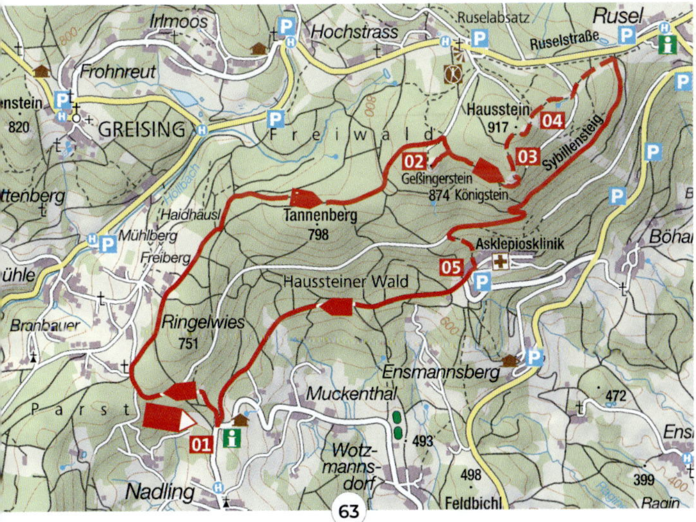

FENG-SHUI-KURPARK LALLING

Ein Park im Zeichen der Harmonie

Deutschlands einziger Feng-Shui-Park liegt unerwarteterweise in Bayern: Der 6 Hektar große Feng-Shui-Kurpark Lalling hat sich ganz dem Thema „Feng Shui" und „Altes Wissen" verschrieben. Das Parkkonzept orientiert sich an der chinesischen Harmonielehre und möchte so Parkbesuchern Entspannung verschaffen. Viel Grün, eine bunt blühende Flora und ein 3000 m² großer See mit Yin- und Yangsteg erwarten Besucher bei freiem Eintritt.

Am schönen Kursee

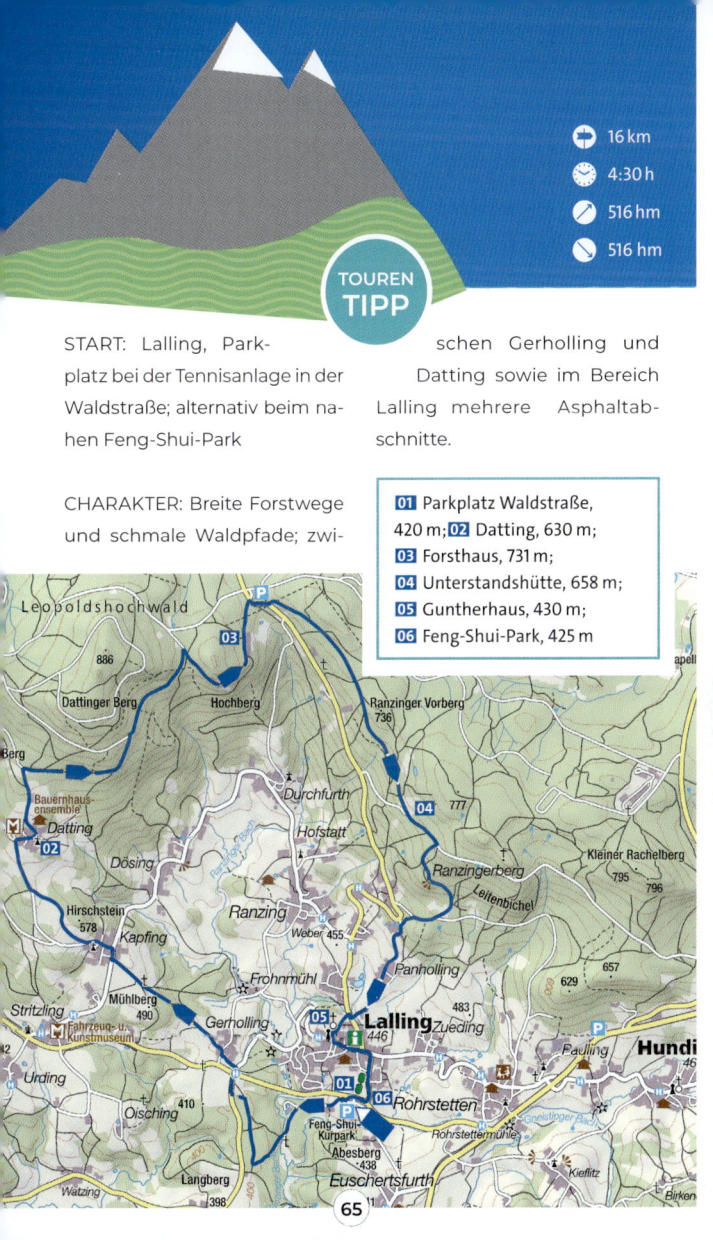

16 km

4:30 h

516 hm

516 hm

START: Lalling, Parkplatz bei der Tennisanlage in der Waldstraße; alternativ beim nahen Feng-Shui-Park

CHARAKTER: Breite Forstwege und schmale Waldpfade; zwischen Gerholling und Datting sowie im Bereich Lalling mehrere Asphaltabschnitte.

01 Parkplatz Waldstraße, 420 m;	**02** Datting, 630 m;

01 Parkplatz Waldstraße, 420 m; **02** Datting, 630 m;
03 Forsthaus, 731 m;
04 Unterstandshütte, 658 m;
05 Guntherhaus, 430 m;
06 Feng-Shui-Park, 425 m

25 AUF DEM BROTJACKLRIEGEL

Traumaussicht vom Holzturm aus

Am Brotjacklriegel sticht der Aussichtsturm aus Holz direkt ins Auge. Am Fuße des Turms befindet sich eine Einkehrstätte. Im Turm selbst gibt es einen interessanten, originalen Verkaufsautomaten aus den 60er Jahren neben anderen sehenswerten traditionellen Einrichtungsgegenständen und Holzschnitzarbeiten. Hat man den Turm erklommen, bietet sich eine fantastische Rundumsicht.

Der Aussichtsturm

- 6,75 km
- 2:15 h
- 370 hm
- 370 hm

TOUREN **TIPP**

START: Parkplatz an der Straße nach Langfurth, beim Feuerwehrhaus, gegenüber vom Gasthof Langfurther Hof

CHARAKTER: Waldwege und Pfade, teils gekiest oder schottrig, teils wurzelig-steinig.

01 Parkplatz, 820 m;
02 Liebmannsberg, 715 m;
03 Ölberg, 755 m;
04 Brotjacklriegel/Aussichts-turm, 1011 m;
05 Schlepplift, 870 m

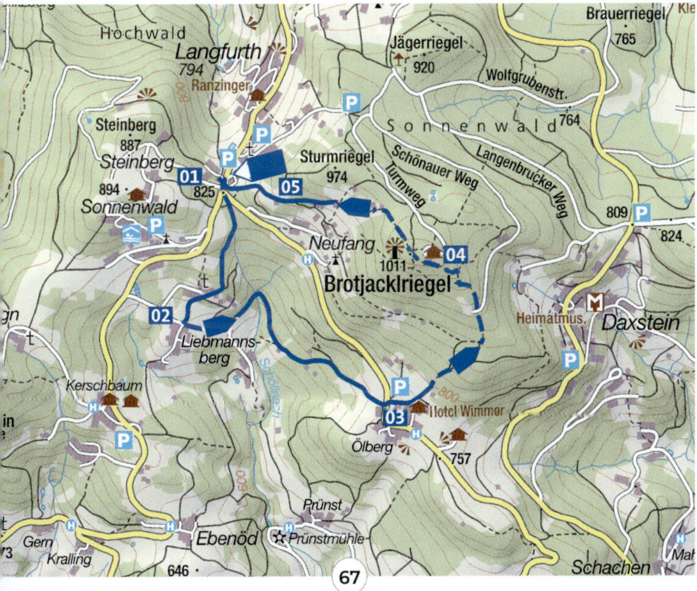

26 GRAFENAU

Die Bärenstadt

„Willkommen im BÄRmuda-3-Eck" schreibt die Stadt Grafenau auf ihrer Homepage. Die Stadt zwischen den Nationalparks Bayerischer Wald und Sumava, der Flusslandschaft Ilz und dem Dreiländereck zu Österreich und Tschechien bietet die besten Voraussetzungen für naturliebende Urlauber und Urlauberinnen. Den Bären „Bärtl Bär" hat sich die Stadt als Maskottchen ausgesucht und der ist hier auch los: Überall findet man die Spuren des Meister Petz. Alle Informationen zu den zahlreichen Freizeitmöglichkeiten findet man direkt hier: www.daistderbaerlos.de/

Das Rathaus Grafenau

15 km

4:15 h

417 hm

555 hm

TOUREN
TIPP

START: Spiegelau, Park-
plätze an den Bahnhöfen
in Spiegelau und Grafenau; Ver-
bindung mit der Waldbahn (ca.
20-minütige Fahrt)

CHARAKTER: Am Beginn in
Spiegelau Asphalt sowie mehrere Abschnitte im letzten Teil-
stück ab Grafenhütt, ansonsten
Wald- und Forstwege sowie
wurzelige Pfade in der Stein-
klamm.

01 Bahnhof Spiegelau, 730 m;
02 Luisenfels, 700 m;
03 Steg, 610 m;
04 Hirschthalmühle, 572 m; **05**
Stausee Hartmannsreit, 504 m;
06 Grafenhütt, 610 m;
07 Bärnstein, 597 m;
08 Bahnhof Grafenau, 580 m

DER WACKELSTEIN

Wackelige Angelegenheit

Der Wackelstein hat wohl vier Meter Kantenlänge; aufgrund seiner Lage auf einer fast ebenen Festplatte kann er aber von einem kräftigen Menschen zum Wackeln gebracht werden. Entstanden ist das Baumaterial dieses Gebildes in der Karbon-Zeit aus einer glutflüssigen Gesteinsschmelze in einer Tiefe von mehreren Kilometern. Ähnliche Steine liegen wie überall im Bayerischen Wald romantisch verstreut im Wald herum, doch dieses instabil gelagerte Exemplar ist weitum einzigartig!

Der tonnenschwere Wackelstein

🥾	4,25 km
⏱	1:30 h
🧭	200 hm
🧭	200 hm

TOUREN TIPP

START: Entschenreuth, Parkplatz am Ende der Stich-straße „Zum Wackelstein"

CHARAKTER: Forst- und Waldwege(-pfade) mit teilweise wurzeligen und felsigen Passagen

01 Parkplatz Entschenreuth, 458 m; **02** Wackelstein, 605 m;
03 Zigeunerbrunnen, 535 m; **04** Steinernes Kirchlein, 540 m

AM HOHEN STEIN

Naturdenkmal und Geotop

Auf dem „Hohen Stein" finden sich faszinierende Felsformationen, Gipfelklippen aus Granit und traumhafte Ausblicke über das Donautal. Ein besonderer Hingucker ist die sogenannte „Arche Noah" – ihre Form erinnert an die Vorderseite eines Schiffs. Auch aus geologischer Sicht sind die markanten Klippen interessant, weshalb das Naturdenkmal auch als Geotop gelistet ist.

Interessante Felsformation am Hohen Stein „Arche Noah"

🥾	8,5 km
🕐	2:45 h
🧭	350 hm
🔻	350 hm

TOUREN TIPP

START: Fürstenstein, Wanderparkplatz an der Bergstraße

CHARAKTER: Forstwege und Waldpfade, mehrere Asphaltpassagen auf verkehrsarmen Neben- und Zufahrtssträßchen.

01 Wanderparkplatz, 550 m;
02 Niedermayer-Denkmal, 548 m;
03 Englburg, 562 m;
04 Holzkapelle, 440 m;
05 Kollnbergmühle, 414 m;
06 Wendlberg, 461 m;
07 Straßenkreuzung, 569 m;
08 Hoher Stein, 565 m;
09 Burg Fürstenstein, 565 m

DIE WILDBACHKLAMM

Buchberger Leite

Ausgezeichnet mit dem Gütesiegel „Bayerns schönste Geotope" verspricht die Wildbachklamm Buchberger Leite einen Ausflug in eine atemberaubende Schluchtenlandschaft. Durchzogen mit zahlreichen Wandermöglichkeiten ist die Klamm zwischen Ringelai und Freyung ein beliebtes Ziel für alle Naturliebhaber.

In der Wildbachklamm Buchberger Leite

⊕	8,75 km
⊕	2:45 h
◇	304 hm
◇	304 hm

TOUREN TIPP

START: Parkplatz in der Grafenauer Straße, Ortseingang von Ringelai

CHARAKTER: Felsig-wurzeliger Pfad entlang der Ohe, anschließend verkehrsarme Asphaltsträßchen sowie Wald- und Feldwege; steilerer, stellenweise etwas ausgesetzter Waldpfad zur Ruine Neubuchberg hoch.

01 Parkplatz Ringelai, 415 m; **02** Hängebrücke, 433 m; **03** Karbidwerk, 475 m; **04** Ruine Neubuchberg, 544 m; **05** Erasmus-Kapelle, 525 m; **06** Buchberg, 544 m; **07** Wolfersreut, 508 m

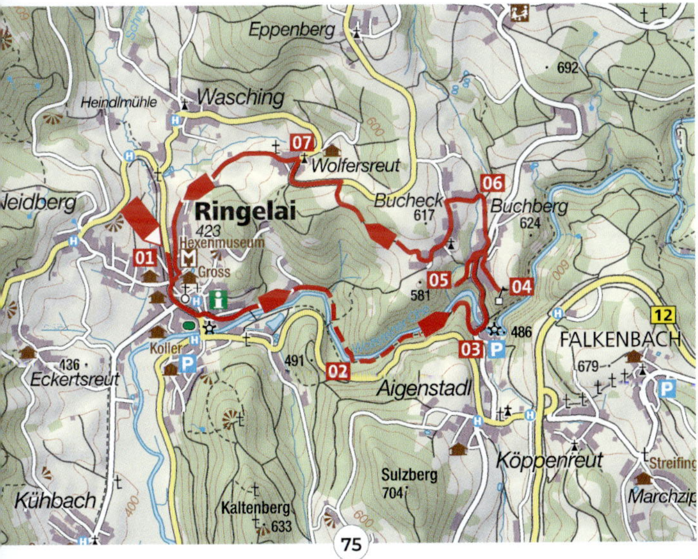

SCHLOSS FÜRSTENECK

Flusswanderung entlang der Oberen Ilz

Mit seiner beeindruckenden Lage über dem Zusammenfluss der Wolfsteiner Ohe und der Ilz sucht das romantische Schloss Fürsteneck seinesgleichen. Kein Wunder, dass hier auch regelmäßig Hochzeiten gefeiert werden. Es ist über eine Zufahrtsbrücke erreichbar. Seit 1921 befindet sich das Schloss im Besitz der Familie Forster. Bei einem Besuch sollte man sich auch eine Einkehr im Schlossrestaurant nicht entgehen lassen.

Eingang zum Schloss Fürsteneck

7 km

2:00 h

180 hm

180 hm

START: Schrottenbaum-
mühle, Gasthaus, Campingplatz,
Parkplatz

CHARAKTER: Bequeme Uferwege und Waldpfade ohne große
Höhenunterschiede.

01 Parkplatz Schrottenbaum-
mühle, 359 m;
02 Poststeg, 337 m;
03 Aumühlener Steg, 330 m;
04 Aumühle, 336 m;
05 Schloss Fürsteneck, 390 m

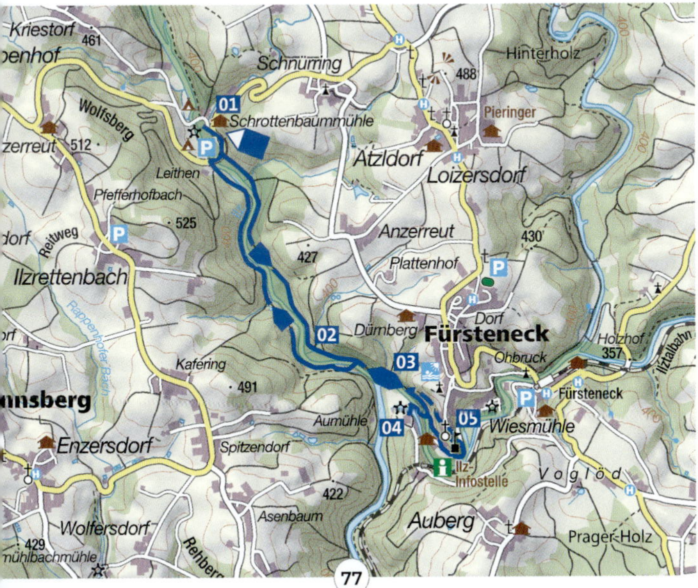

MUSEUM GOLDENER STEIG

Auf den Spuren des Salzes

Das Museum „Goldener Steig" ist in einem Wehrturm der mittelalterlichen Ringmauer der Stadt Waldkirchen untergebracht. Es informiert über die Ortsgeschichte und den eng damit verbundenen „Goldenen Steig". Dieser diente als Handelsweg für den Salzhandel im Mittelalter. In der Ausstellung verfolgt man den damaligen Weg des „weißen Goldes", der direkt durch Waldkirchen führte.

Eingang zum Museum Goldener Steig in Waldkirchen

- 8 km
- 2:15 h
- 292 hm
- 292 hm

TOUREN TIPP

START: Waldkirchen, Parkplatz beim Badepark

CHARAKTER: Abwechslungsreich auf Wald- und Uferwegen sowie auf asphaltierten Gehwegen und Nebensträßchen.

01 Parkplatz, 645 m;
02 Karolikapelle, 657 m;
03 Haller Alm, 560 m;
04 Saußmühle, 495 m;
05 Museum Goldener Steig, 570 m;
06 Magdalenenkapelle, 555 m;
07 Lourdeskapelle, 585 m

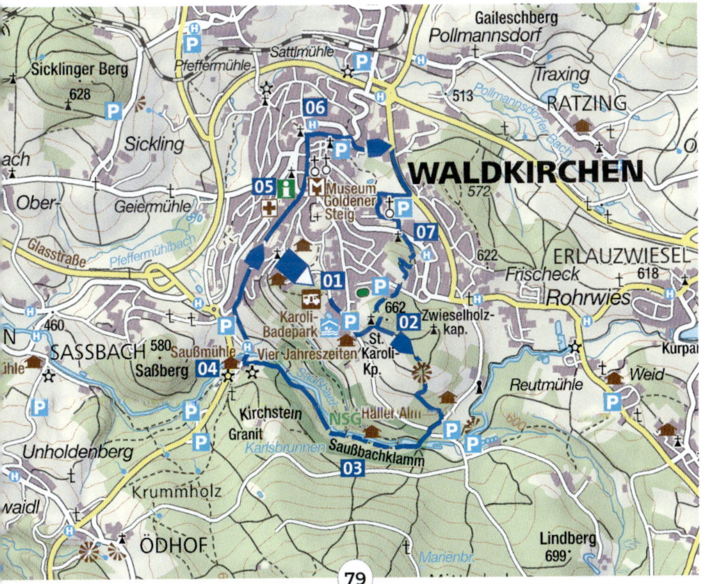

DER FREUDENSEE

Ein Freizeit-Allrounder

Nahe dem Luftkurort Hauzenberg liegt der Stausee „Freudensee". Der See kann über einen gemütlichen Rundweg in circa einer halben Stunde umrundet werden. Während der See im Sommer als Badesee dient, kann man im Winter bei zugefrorener Wasseroberfläche sogar darauf Eislaufen. Das macht den Freudensee zu einem spannenden Ganzjahres-Ausflugsziel für Groß und Klein.

Am Freudensee

10 km

3:15 h

482 hm

482 hm

TOUREN TIPP

START: Hauzenberg, Parkplatz (Juliane-Ruck-Straße)

CHARAKTER: Natur- und Waldpfade mit steilerem Anstieg zum und teils weglosem Abstieg vom Staffelberg, asphaltierte Abschnitte im Ortsbereich Hauzenberg.

01 Parkplatz Hauzenberg, 535 m;
02 Naturerlebnispfad, 482 m;
03 Freudensee, 491 m;
04 Staffenöd, 543 m;
05 Staffelberg, 793 m;
06 Schröckstraße, 521 m;
07 Kapelle, 484 m;
08 Seerosenteich, 475 m

DER HAIDEL-TURM

Aller guten Dinge sind drei

159 Treppenstufen führen zur Aussichtsplattform des Haidelturms. Oben angekommen bietet sich eine wundervolle 360°-Grad-Aussicht: Im Osten zum Plöckenstein, im Süden bis zum Dachstein, im Westen nach Freyung und Bischofsmais und im Norden über Philippsreut nach Tschechien. Der aktuelle Turm ist bereits der dritte seiner Art und besteht in der aktuellen Form seit 1999. Nachdem der erste Turm aus 1925 nach nicht mal 25 Jahren einem Sturm zum Opfer fiel, musste auch sein Nachfolger aus 1998 abgebaut werden, da dieser verwitterte.

Der luftige Haidel-Aussichtsturm

- 10,75 km
- 3:15 h
- 287 hm
- 287 hm

START: Waldparkplatz oberhalb von Obergrainet

CHARAKTER: Einfache Wald- und Forstwege, kurze Asphalt- passage zwischen Obergrainet und Parkplatz.

- **01** Waldparkplatz, 1015 m;
- **02** Haidel-Turm, 1165 m;
- **03** Leopoldsreut, 1102 m;
- **04** Abzweig Rundweg 7, 1102 m;
- **05** Obergrainet, 973 m

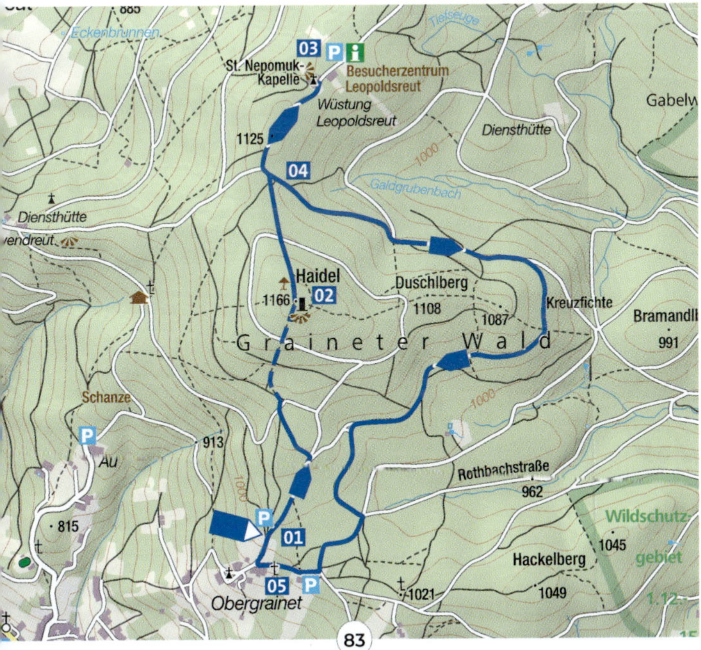

34

DER EISERNE STEIG

Die Geschichte der Eisenbahn zwischen Tschechien und Deutschland

Die Geschichte um den Bahnhof Nové Údolí geht ebenfalls auf die ehemalige „Salzroute", dem Goldenen Steig, zurück. Im 19. Jahrhundert wurde dieser nämlich vom „Eisernen Steig" abgelöst. Eine Eisenbahn fuhr ab da von Passau über Haidmühle nach Wallern. Zwar enden die Gleise mittlerweile an der Grenze, zwischen dem Bahnhof Neuthal (Nové Údolí) und der Grenzbrücke zu Deutschland findet man heute noch Exponate aus der Zeit, als die Lok zwischen Tschechien und Deutschland verkehrte.

Museumslokomotive in Nové Údolí

	15,5 km
	4:30 h
	388 hm
	388 hm

TOUREN TIPP

START: Parkplatz am Loipenzentrum in Bischofsreut

CHARAKTER: Forst- und Waldwege sowie verkehrsarme Nebensträßchen und asphaltierte Landwirtschaftswege.

01 Parkplatz Loipenzentrum, 973 m; **02** Kirche, 976 m;
03 Grenzübergang, 848 m;
04 Pos. Mlaka, 906 m;
05 Krasna Hora, 913 m;
06 Pos. V Podkove, 885 m;
07 Nove Udoli, 803 m;
08 Haidmühle, 821 m;
09 Haus Auersberg, 888 m;
10 Aussichtsbalkon/Moorlandschaft, 924 m

DER DREISESSELBERG

Eine Aussicht bis in die Alpen

Der Dreisesselberg ist einer der bekanntesten Ausflugsberge in der Region, nicht zuletzt wegen der traumhaften Aussicht, die man vom Gipfel genießt. Den Namen hat der Berg von drei Steinsformationen, die Sesseln ähneln. Der Legende nach thronten darauf drei Könige, um das Land untereinander aufzuteilen.

Bei den drei Sesseln

🚲	10,5 km
⏱	3:30 h
🧭	530 hm
◥	530 hm

TOUREN TIPP

START: Frauenberg, Wanderparkplatz an der Ewigkeitsstraße, bei der Wasserscheide Elbe/Donau

CHARAKTER: Forstwege und Waldpfade, mit steileren und steinig-wurzeligen Abschnitten vor dem Hochstein; im Bereich Frauenberg verkehrsarme Asphaltsträßchen.

01 Parkplatz bei der Wasserscheide, 865 m; **02** Dreisesselberg/Hochstein, 1333 m; **03** Dreisesselhaus, 1302 m; **04** Adalbert-Stifter-Stein, 1231 m

36

PLÖCKENSTEINER SEE

Gletschersee im Böhmerwald

Der Plesne jezero (Plöckensteiner See) ist ein Gletschersee im Böhmerwald auf tschechischem Staatsgebiet und liegt auf einer Seehöhe von 1090 Metern. Vor dem Fall des eisernen Vorhangs war er aufgrund seiner Lage kaum zugänglich, heute zählt er zu einem der lohnenswertesten Ausflugsziele der Region. Ein grenzüberschreitender Wanderweg führt zu dem traumhaften Gewässer.

Tiefblick hinab zum Plöckensteiner See

🔄	15 km
🕐	5:30 h
🧭	815 hm
🔗	815 hm

TOUREN TIPP

START: Dreisesselpark-platz, am Ende der Straße (FRG 13) von Frauenberg, unterhalb vom Dreisesselberghaus

CHARAKTER: Steinige und fel-sige Pfade, die teils steil bergab- und bergaufführen, besonders im Abstieg zum Plöckensteiner See und beim Überqueren des Steinernen Meeres ist Vorsicht geboten.

01 Parkplatz Dreisessel, 1231 m; **02** Dreisesselhaus, 1302 m;
03 Bayerischer Plöckenstein, 1358 m; **04** Dreiländereck/Trojmezi, 1322 m;
05 Plöckenstein, 1379 m; **06** Adalbert-Stifter-Denkmal, 1306 m;
07 Plöckensteiner See, 1089 m; **08** Steinernes Meer, 1305 m

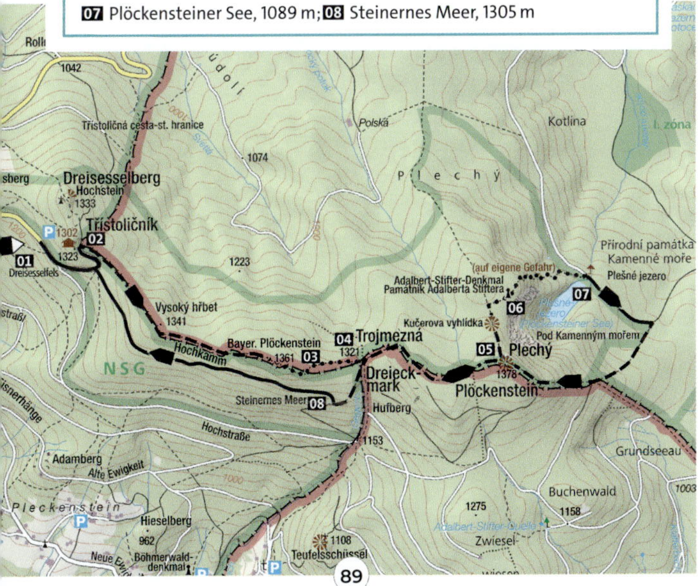

DER RANNASEE

Badesee und Naturkneippwege

An der „niederbayerischen Riviera" liegt der Rannasee laut eigener Aussage der Seebetreiber (www.ranna-see.de). Dort steht einem perfekten Badetag nichts im Wege. Ob eine kurze Erfrischung zwischen einer Wanderung oder ein ganzer Tag mit Sonnenbaden und Plantschen – der Rannasee bietet alles, was das Herz begehrt. In den Sommermonaten finden auch immer wieder Konzerte statt.

Die Wasserrutsche beim Gasthaus zur Wasserrutsch'n am Rannasee

🚴	15 km
🕐	4:00 h
🧭	486 hm
🧭	486 hm

START: Oberkappel, Gasthaus Hammerwirt, Parkplatz

CHARAKTER: Bequeme Wald-, Wiesen und Uferwege, zwischendurch kurze asphaltierte Passagen

01 Hammerwirt, 502 m;
02 Süßkapelle, 545 m;
03 Naturkneippweg, 502 m;
04 Konzinger Steg, 495 m;
05 Höllmühle, 550 m;
06 Rannasee, 512 m;
07 Gh. Zur Wasserrutsch'n, 523 m;
08 Eidenberg, 545 m

HINWEISE, TIPPS
und Legende

Bus & Bahn

Die An- und Abreise mit Öffentlichen Verkehrsmitteln ist nicht nur bequem, sondern schont auch die Umwelt und nicht zuletzt den Geldbeutel. Die Busse und Bahnen im Bayerischen Wald machen es möglich Genaue Informationen zu Fahrplänen, Tarifen und Anbietern unter:
bayerwald-ticket.com

1. Die Oberpfalzbahn

Schwandorf – Cham – Furth i. Wald/Cham – Waldmünchen/Cham – Bad Kötzting – Lam

Oberpfalzbahn-Kundencenter, Bahnhofsplatz 1, 92421 Schwandorf,
oberpfalzbahn.de

2. Die Waldbahn

Die Waldbahn verbindet den Nationalpark Bayerischer Wald sowie die Arberregion mit den Städten Deggendorf und Plattling. Die Waldbahn ist auf vier Linien unterwegs:

(WBA 1): Plattling – Deggendorf – Regen – Zwiesel – Bayerisch Eisenstein
Strecke (Tschechien): Markt Eisenstein-Elisenthal (Zelezna Ruda-Alzbetin) – Pilsen (Plzen)
(WBA 2): Zwiesel – Bodenmais
(WBA 3): Zwiesel – Grafenau
(WBA 4): Gotteszell – Teisnach – Viechtach

Waldbahn-Kundencenter
Bahnhofsplatz 3,
94227 Zwiesel
laenderbahn.com

3. Die Ilztalbahn
Passau – Waldkirchen – Freyung und zurück

Mit Anschluss von Ilztalbahn-Bussen in Waldkirchen Richtung Haidmühle/Nové Údolí sowie in Freyung Richtung Nationalpark Bayerischer Wald (Infozentrum Lusen/Hans-Eisenmann-Haus/Baumwipfelpfad)

Ilztalbahn GmbH
Färbergasse 1,
94065 Waldkirchen
ilztalbahn.eu

Igelbusse
Verkehren in der Sommersaison von Mai–Okt. täglich.

Im Rachel-Lusen-Gebiet:
Rachelbus (von Spiegelau), Lusenbus (von Neuschönau), Finsteraubus (von Spiegelau), Freyungbus (von Freyung)

Im Falkenstein-Gebiet:
Falkensteinbus (von Zwiesel)

Das Bayerwald-Ticket sowie Gästekarten mit dem „GUTi" gelten als Fahrscheine. GUTi ist die Abkürzung für „Gästeservice Umweltticket". Mit diesem ist in verschiedenen Gemeinden des Bayerischen Waldes die Nutzung von Bus und Bahn mit Kurkarten kostenlos möglich.

HINWEISE, TIPPS
und Legende

Schwierigkeitsgrade

LEICHT
In der Regel gut angelegte und gut markierte (Wander-)Wege ohne echte Gefahrenstellen, die bei normalen Witterungsverhältnissen von jedermann begangen werden können.

MITTEL
Hier handelt es sich um mittelschwere Touren für geübte Wanderer, die auch mal Trittsicherheit und bei schlechteren Wetterumständen Achtsamkeit erfordern können. Sie eignen sich bei entsprechender Vorsicht auch für geübte Kinder. Längere und steilere Wege und Pfade setzen aber eine gewisse Kondition voraus.

SCHWER
Anspruchsvolle Touren, die teils ausgesetzte und auch gefährliche Stellen aufweisen. Kondition, Schwindelfreiheit sowie Trittsicherheit sind ebenso Voraussetzung wie die richtige Ausrüstung.

Hinweis
Gehzeiten und Schwierigkeitsbewertungen können nur Richtwerte sein. Neben objektiven Faktoren wie das Wetter sind auch individuelle und persönliche Voraussetzungen zu berücksichtigen. Bitte keine Selbstüberschätzung!

Verkehr

Autobahn		S-Bahn	
Schnellstraße		Standseilbahn	
Hauptstraße / Bundesstraße		Seilbahn, Gondelbahn	
Nebenstraße, schmale Nebenstraße		Sessellift	
Fahrweg, Forstweg / Güterweg		Schifffahrtslinie	
Karrenweg		Hafen	
Fußweg, Steig		Schiffsanlegestelle	
Gletscherübergang		Personenfähre	
Straße in Planung, Straße in Bau		Autofähre	
Tunnel		Parkplatz, Parkhaus	
Eisenbahn mit Bahnhof / Haltestelle		Bushaltestelle	
Eisenbahntunnel		Flughafen	
		Flugplatz / Sportflugplatz	

Relief und Vegetation

Gewässer, Sumpf / Moor		Naturschutzgebiet / Nationalpark / Naturpark	
Heide, Sand		Höhenlinien Äquidistanz 20m	
Wald, Kampfwald (Latschen, Krummholz)			
Fels, Geröll		Wein, Obst / Hopfen	

Sport und Freizeit

Minigolf, Spielplatz		Bootsverleih, Angeln	
Fitnessparcours, Grillplatz		Hallenbad, Freibad / Badesee	
Klettersteig, gesicherter Wegabschnitt		Sportplatz, Sprungschanze	
Wildpark, Findling			

Touristische Hinweise

Information, Jugendherberge		Krankenhaus / Notarztstation	
Hotel / Gasthof / Restaurant		Aussichtsturm	
Schutzhütte / Berggasthof (im Sommer und Winter)		Schöner Ausblick, Rundblick	
Schutzhütte / Berggasthof (Sommerbewirtschaftung)		Kirche, Wallfahrtskirche	
Jausenstation / Almwirtschaft / Imbissstube		Kapelle, Denkmal	
Buschenschenke / Heuriger, Unterstand		Burg / Schloss, Ruine	
Hütte / Biwak (unbewirtschaftet)		Kloster	
Campingplatz, Sehenswürdigkeit		Ausgrabungen, ehemalige Festung	
Museum, Museumsbahn		Wegkreuz	
		Bildstock, Bildbaum	
		Höhenpunkt, Gipfelkreuz	

Der Kartenmaßstab dieses Ratgebers variiert; die Tourenkarten dienen der Orientierung. Karten mit dem Maßstab 1:50.000 findest du in unserem Kompass-Wanderführer „Bayerischer Wald"

HINWEISE, TIPPS
und Legende

Informationsadressen

Naturpark Bayerischer
Wald e.V.
naturpark-bayer-wald.de

Tourist-Info Naturpark
Oberer Bayerischer Wald
bayerischer-wald.org

Tourismusverband
Ostbayern e.V.
ostbayern-tourismus.de

Bayerischer Wald-Verein e.V.
bayerischer-wald-verein.de

Bergbahnen

Nur am Arber, am Geißkopf
und am Hohenbogen ist
Seilbahn- bzw. Sessellift-
Unterstützung möglich.

Einkehrmöglichkeiten

Das Einkehrsymbol bezieht
sich auf Einkehrmöglichkeiten unterwegs. Da sich die
Öffnungszeiten saisonal
und regional sehr unter-
scheiden, sollte man sich
vorab über Übernachtungs-
und Einkehrmöglichkeiten
informieren.

Rachelsee und Rachelkapelle im Nationalpark Bayerischer Wald

NOCH MEHR

Unsere Inspirationen beinhalten alle Wandertouren als Tipps und als Vorschlag, um ans Ziel zu kommen. Ausführliche Beschreibungen und noch viele weitere Tourenvorschläge findet man in unseren Wanderführern und weiteren Outdoor Reihen wie „Dein Augenblick" und „Endlich".

Ein weiterer Tipp ist die KOMPASS Wanderkarte. Damit lassen sich Touren perfekt planen und auch die Orientierung bei schwierigeren Touren ist damit perfekt zu bewältigen. KOMPASS Wanderkarten zeigen alle Informationen der Landschaft. So lassen sich auch noch weniger bekannte Orte, kleine Seen, versteckte Gipfel und wilde Bäche finden. Eine Wanderkarte ist wie eine Schatzkarte für neue Ziele. Sie zeigt auch, welche Wanderwege, Fahrradwege, Klettersteige und Zufahrtsstraßen es gibt. Öffentliche Verkehrsmittel sind ebenfalls eingezeichnet, genauso wie Parkplätze, Hütten und Almen.

Eine Wanderkarte voller Vorfreude auszubreiten ist schon der erste Schritt in den Urlaub oder das neue Abenteuer. Sie ist aber auch ein herrliches Erinnerungsstück an all die Erlebnisse, die man damit verbindet.

DIE PASSENDEN WANDERFÜHRER

& GEDRUCKTE KARTEN

Dein Augenblick
Bayerische Alpen

mit 30 Touren zu
Traumzielen

Wanderführer
Bayerischer Wald

mit 60 Touren und
Extra Tourenkarte

Wanderlust
Bayern

100 Traumpfade

IMPRESSUM

Herausgeber: © KOMPASS-Karten GmbH

Karl-Kapferer-Straße 5, A-6020 Innsbruck

1. Auflage 2024 (24.01), Verlagsnummer 8119

ISBN 978-3-99154-122-6

Konzept und Bildnachweis

Konzept & Gestaltung: © KOMPASS-Karten GmbH

Projektbetreuung: Julia Flory, KOMPASS-Karten GmbH

Text: KOMPASS-Karten Autor Walter Theil und KOMPASS-Karten GmbH

Besonderer Dank auch an Wolfgang Heitzmann

Grafische und kartografische Herstellung: © KOMPASS-Karten GmbH

Kartenausschnitte: © KOMPASS-Karten GmbH unter Verwendung OpenStreetMap Contributors (www.openstreetmap.org)

Titelbild: „Sommer am Pommerbach" © nidafoto - Stock.adobe.com, Design: Kompass Karten GmbH

Bildnachweis:

Alle Bilder stammen (falls nicht anders angegeben) von Walter Theil
S. 3 © bietau - Stock.adobe.com; S. 11 © bietau - Stock.adobe.com; S. 12/13 © nidafoto - Stock.adobe.com; S. 20 © Von MasterChristian (Diskussion) - Selbst fotografiert, Copyrighted free use [https://commons.wikimedia.org/w/index.php?curid=33359788]; S. 28 © Harald Schindler - Stock.adobe.com; S. 30 © KK imaging - Stock.adobe.com; S. 34 © rockket - Stock.adobe.com; S. 52 © Arochau - Stock.adobe.com; S. 86 © Rune - Stock.adobe.com; S. 92/93 © outdoorpixel - Stock.adobe.com; S. 99 © lettas - Stock.adobe.com; S. 104 © vencav - Stock.adobe.com;

Alle Angaben und Routenbeschreibungen wurden nach bestem Wissen gemäß unserer derzeitigen Informationslage gemacht. Die Wanderungen wurden sehr sorgfältig ausgewählt und beschrieben, Schwierigkeiten werden im Text kurz angegeben. Es können jedoch Änderungen an Wegen und im aktuellen Naturzustand eintreten. Wanderer und alle Kartenbenützer müssen darauf achten, dass aufgrund ständiger Veränderungen die Wegzustände bezüglich Begehbarkeit sich nicht mit den Angaben in der Karte decken müssen. Wir aktualisieren unsere Karten und Touren in regelmäßigen Abständen. Dies kann unter Umständen auch dazu führen, dass sich die Inhalte der digitalen Version eines freigeschalteten Wander- oder Fahrradführers bzw. einer Karte, von dem erworbenen Printprodukt unterscheiden. Diese Aktualisierungen sind aus rechtlichen oder sicherheitsrelevanten Gründen erforderlich und ein kostenloser Service mit Mehrwert für alle NutzerInnen. Die Verwendung dieses Führers erfolgt ausschließlich auf eigenes Risiko und auf eigene Gefahr, somit eigenverantwortlich. Eine Haftung für etwaige Unfälle oder Schäden jeder Art wird daher nicht übernommen. Für Berichtigungen und Verbesserungsvorschläge ist die Redaktion stets dankbar. Korrekturhinweise bitte an folgende Anschrift:

KOMPASS-Karten GmbH

Karl-Kapferer-Straße 5

A-6020 Innsbruck

www.kompass.de/service/kontakt

BAYERISCHER WALD

LASS DICH INSPIRIEREN